# Hermann Hesse und das Christentum

herausgegeben und kommentiert von
Helmut W. Ziefle

R. BROCKHAUS VERLAG WUPPERTAL UND ZÜRICH

TVG-ORIENTIERUNG

Herausgegeben von Helmut Burkhardt,
Reinhard Frische und Gerhard Maier

Begründet 1973 von Klaus Bockmühl (1931–89) unter dem Namen
»Theologie und Dienst«.

Die Theologische Verlagsgemeinschaft (TVG) ist eine Arbeitsgemeinschaft
der Verlage R. Brockhaus Wuppertal und Brunnen Gießen.
Sie hat das Ziel, schriftgemäße theologische Arbeiten zu veröffentlichen.

© R. Brockhaus Verlag Wuppertal und Zürich 1994

Hermann Hesse, Mein Glaube © Suhrkamp Verlag, Frankfurt am Main 1991.
Hermann Hesse, Gesammelte Briefe © Suhrkamp Verlag, Frankfurt am Main
1972, 1979, 1981, 1986.
Der Nachdruck der hier zitierten Texte von Hermann Hesse, Hugo Ball,
Gisela Kleine, Joseph Mileck erfolgt mit freundlicher Genehmigung
des Suhrkamp Verlages Frankfurt am Main.

Umschlaggestaltung: Friedhelm Grabowski
Gesamtherstellung: Breklumer Druckerei Manfred Siegel KG
ISBN 3-417-29064-3

# INHALT

Vorwort .................................... 5

I. Herkunft, Kindheit und Lateinschulen
   (Calw, Basel, Göppingen 1877–1891) ............ 9

II. Erste Jugendkrisen
    (Maulbronn, Bad Boll, Stetten, Cannstatt, Calw
    1891–1895) ................................ 15

III. Auf dem Weg zur Unabhängigkeit – Berufliche Tätigkeit
     im Buchhandel in Tübingen und Basel (1895–1903) . 38

IV. Eine gescheiterte Idylle – Ehe mit Maria Bernoulli
    (2. 8. 1903 bis 23. 6. 1923) .................... 56

V. Versuch eines Neubeginns – Ehe mit Ruth Wenger
   (11. 1. 1924 bis 2. 5. 1927) .................... 72

VI. Läuterung und Hingabe – Dritte Ehe mit Ninon Dolbin
    (1932–1962) in Montagnola .................... 83

Literaturverzeichnis ............................ 123

# VORWORT

Über den Mangel an Untersuchungen zum Thema »Hesse und das Christentum« bemerkt Hans Küng: »Mein Thema ist Religion und Christentum im Spiegel von Hesses Leben und Werk, und da ist merkwürdig: Die Sekundärliteratur zu Hesse ist zwar immens; doch zu unserer Problematik gibt es seit der Studie von Gerhart Mayer 1956 kaum Neues mehr. Hesse gegenüber scheinen die meisten Theologen dogmatisch befangen, die meisten Germanisten aber religionsscheu-hilflos...«[1] Ein Grund dafür ist, daß es trotz vieler Äußerungen, die er über sein Verhältnis zum Christentum gemacht hat, überaus schwer ist, ihn genau festzulegen und ihn kategorisch zu bestimmen. Gerade, weil er das Christentum aufgrund von Vorbehalten – wie zum Beispiel eine starke Dogmenfeindlichkeit – zeitlebens als eine alleingültige Religion abgelehnt hat, erfordert er vom Leser und Interpreten seiner Ausführungen eine Aufnahmebereitschaft, die bis an die Grenzen menschlichen Verstehens reicht. Da seine Gotteserfahrung wie bei Gotama in *Siddhartha* ein individuelles und mehr geschautes, kaum mitteilbares Erlebnis ist, kann hier nur der Versuch unternommen werden, seine Äußerungen zu diesem Thema darzustellen und sie mit den Aussagen der Bibel zu vergleichen.

Was war seine Einstellung zum Christentum? Eins der wichtigsten und klarsten Zeugnisse hat er 1931 in der Abhandlung *Mein Glaube* gegeben: »Mein Vater sowohl wie meine Mutter und deren Vater waren ihr Leben lang im Dienst der christlichen Mission in Indien gestanden, und obwohl erst in einem meiner Vettern und mir die Erkenntnis durchbrach, daß es nicht eine Rangordnung der Religionen gebe, so war doch schon in Vater, Mutter und Großvater nicht bloß eine reiche und ziemlich gründliche Kenntnis indischer Glaubensformen vorhanden, sondern auch eine nur halb eingestandene Sympathie für diese indischen Formen. Ich habe das geistige Indertum ganz ebenso von Kind auf eingeatmet und miterlebt wie das Christentum.

Dagegen lernte ich das Christentum in einer einmaligen, starren, in mein Leben einschneidenden Form kennen, in einer schwachen und vergänglichen Form, die schon heute überlebt und beinahe ver-

---

[1] Walter Jens u. Hans Küng, *Anwälte der Humanität. Thomas Mann. Hermann Hesse. Heinrich Böll,* München: Kindler, 1989. S. 162. (Im folgenden zitiert als H.K.A.)

schwunden ist. Ich lernte es kennen als pietistisch gefärbten Protestantismus, und das Erlebnis war tief und stark; denn das Leben meiner Voreltern und Eltern war ganz und gar vom Reich Gottes her bestimmt und stand in dessen Dienst. Daß Menschen ihr Leben als Leben von Gott ansehen und es nicht in egoistischem Trieb, sondern als Dienst und Opfer vor Gott zu leben suchen, dies größte Erlebnis und Erbe meiner Kindheit hat mein Leben stark beeinflußt. Ich habe die ›Welt‹ und die Weltleute nie ganz ernst genommen und tue es mit den Jahren immer weniger. Aber so groß und edel dies Christentum meiner Eltern als gelebtes Leben, als Dienst und Opfer, als Gemeinschaft und Aufgabe war – die konfessionellen und zum Teil sektiererischen Formen, in denen wir Kinder es kennenlernten, wurden mir schon sehr früh verdächtig und zum Teil ganz unausstehlich. Es wurden da manche Sprüche und Verse gesagt und gesungen, die schon den Dichter in mir beleidigten, und es blieb mir, als die erste Kindheit zu Ende war, keineswegs verborgen, wie sehr Menschen wie mein Vater und Großvater darunter litten und sich damit plagten, daß sie nicht wie die Katholiken ein festgelegtes Bekenntnis und Dogma hatten, nicht ein echtes, bewährtes Ritual, nicht eine echte, wirkliche Kirche.«[2] Diese Zeilen enthalten die Quintessenz seiner Einstellung zum Christentum, nämlich eine würdigende Anerkennung der selbstlosen Hingabe der Eltern und eine starke Abneigung gegen die Institution der protestantischen Kirche und die »Naivität« der pietistischen Gemeinschaften.

Sein kritisches Urteil drückt seine große Enttäuschung über diesen Zustand, der dem wirklichen Christentum seiner Meinung nach sehr geschadet hat, aus: »Daß die sogenannte ›protestantische‹ Kirche nicht existierte, vielmehr in eine Menge kleiner Landeskirchen zerfiel, daß die Geschichte dieser Kirchen und ihrer Oberhäupter, der protestantischen Fürsten, um nichts edler war als die der geschmähten päpstlichen Kirche, daß sich ferner beinahe alles wirkliche Christentum, nahezu alle wirkliche Hingabe an das Reich Gottes nicht in diesen langweiligen Winkelkirchen vollzog, sondern in noch winkligeren, aber dafür durchglühten, aufgerüttelten Konventikeln von zweifelhafter und vergänglicher Form – dies alles war mir schon in ziemlich früher Jugend kein Geheimnis mehr, obwohl im Vaterhaus von der Landeskirche und ihren hergebrachten Formen

---

[2] *Herman Hesse. Gesammelte Werke* in zwölf Bänden, Frankfurt a.M.: Suhrkamp 1976. Band 10, S. 70–71 (»Mein Glaube«, 1931). (Im folgenden zitiert als GW mit Angabe von Band und Seitenzahl.)

nur mit Hochachtung gesprochen wurde (eine Hochachtung, die ich als nicht ganz echt empfand und früh beargwöhnte). Ich habe auch tatsächlich während meiner ganzen christlichen Jugend von der Kirche keinerlei religiöse Erlebnisse gehabt. Die häuslichen, persönlichen Andachten und Gebete, die Lebensführung meiner Eltern, ihre königliche Armut, ihre offene Hand für das Elend, ihre Brüderlichkeit gegen die Mitchristen, ihre Sorgen um die Heiden, der ganz begeisterte Heroismus ihres Christenlebens empfing seine Speisung zwar aus der Bibellesung, nicht aber von der Kirche, und die sonntäglichen Gottesdienste, der Konfirmandenunterricht, die Kinderlehre brachten mir nichts an Erlebnis.«[3] Diese Unterscheidung zwischen »lebendigem« Christentum zu Hause und »institutionellem« Christentum in der Kirche, ganz besonders der protestantischen, hat seine Beziehung zum Christentum entscheidend geprägt. Seine Glaubensauffassung war somit nicht orthodox im kirchlichen Sinne, sondern vom Ringen um eine persönliche Frömmigkeit bestimmt.

Darüber hinaus hat ihn »das geistige Indertum«, mit dem er parallel zum Christentum in Berührung kam, deutlich beeinflußt und sein Verhältnis zum Christentum negativ bestimmt: »Im Vergleich nun mit diesem so eng eingeklemmten Christentum, mit diesen etwas süßlichen Versen, diesen meist so langweiligen Pfarrern und Predigten, war freilich die Welt der indischen Religion und Dichtung weit verlockender. Hier bedrängte mich keine Nähe, hier roch es weder nach nüchternen graugestrichenen Kanzeln noch nach pietistischen Bibelstunden, meine Phantasie hatte Raum, ich konnte die ersten Botschaften, die mich aus der indischen Welt erreichten, ohne Widerstände in mich einlassen, und sie haben lebenslang nachgewirkt.«[4]

Trotz der Faszination dieser und anderer Weltreligionen nimmt das Christentum dennoch eine zentrale Stellung ein: »In meinem religiösen Leben spielt also das Christentum zwar nicht die einzige, aber doch eine beherrschende Rolle, mehr ein mystisches Christentum als ein kirchliches, und es lebt nicht ohne Konflikte, aber doch ohne Krieg neben einer mehr indisch-asiatisch gefärbten Gläubigkeit, deren einziges Dogma der Gedanke der Einheit ist. Ich habe nie ohne die Religion gelebt und könnte keinen Tag ohne sie leben, aber

---

[3] GW 10, S. 71–72.
[4] GW 10, S. 72.

ich bin mein Leben lang ohne Kirche ausgekommen.«[5] Über den mystischen Aspekt von Hesses Christentum schreibt Gerhart Mayer: »Den Boden von Hesses Mystik bildet ganz und gar das Christentum. (. . .) Zweifellos sind die meisten christlichen Dogmen bei Hesse in eine von östlicher Mystik beherrschte Gedankenwelt übertragen und damit relativiert; aber stets ist das Bestreben spürbar, zu einer Synthese zu gelangen, die alle Weltreligionen umfaßt.«

Aufgabe dieser Studie ist es, darzustellen, wie Hesse zum Christentum stand, und welche Rolle es in entscheidenden Stadien seines Lebens und Werkes spielte. Zweifellos hatte das Elternhaus mit seinem pietistischen Erbe, seiner aufopfernden Liebe für die Missionstätigkeit und seinem persönlichen Vorbild im Glaubensleben einen nachhaltigen und unvergeßlichen Eindruck bei ihm hinterlassen. Da es aber dem werdenden Dichter zu begrenzt und einfach war, kam es bei ihm wahrscheinlich nie zu dem von Pietisten so erstrebten Bekehrungserlebnis, in dem der Mensch, seiner eigenen Sünde bewußt, seinen Willen Gott unterstellt und dessen Heilsplan in Christus als den einzig zum ewigen Leben führenden akzeptiert. Dennoch hat er sich zeit seines Lebens intensiv mit dem Christentum befaßt und immer wieder Stellung dazu bezogen. Nachdem er es im erwachenden Pubertätsalter nach dem Verlust seines Kinderglaubens in Rebellion gegen Eltern und Gesellschaft zunächst total abgelehnt hatte, näherte er sich nach der Überwindung dieser Krise dem Christentum wieder, interpretierte es auf seine Art und Weise und bekehrte sich noch beinah im hohen Alter. Ziel dieser Studie ist es, dieses langwierige und größtenteils spannungsgeladene Verhältnis Hesses zu diesem Thema in wichtigen chronologischen Stadien seines Lebens und Werkes anhand von Briefen und Selbstzeugnissen aufzuzeigen. Da ihn das christliche Erbe der Eltern und Voreltern so tief geprägt hat, beginne ich mit dieser ersten wichtigen Phase seines Lebens.[6]

---

[5] GW 10, S. 73.
[6] Gerhart Mayer, *Die Begegnung des Christentums mit den asiatischen Religionen im Werk Hermann Hesses*, in: »Untersuchungen zur Allgemeinen Religionsgeschichte«, Bonn: Ludwig Röhrscheid Verlag, Heft 1/1956, S. 90.

# I. Herkunft, Kindheit und Lateinschulen (Calw, Basel, Göppingen 1877–1891)

Als Hermann am 2. Juli 1877 in dem kleinen, malerischen Schwarzwaldstädtchen Calw in Württemberg als zweites Kind des Johannes Hesse und seiner Frau Marie, geb. Gundert, auf die Welt kam, war das Leben noch einfacher als heute, aber doch keineswegs problemlos. Deutschland war schon sechs Jahre unter dem Kaiser und Bismarck vereinigt, und das industrielle Zeitalter hatte auch in Calw Fuß gefaßt. Neben Wolldecken, Tüchern und Schuhen wurden »Bekleidungsgegenstände aller Art, elastische Artikel, Kochherde, Gefährte, Turmuhren, Pressen [und] Häuser« fabriziert. Daneben blühte auch der Buchhandel, ganz besonders in dem von Dr. Barth im Jahre 1829 gegründeten Traktatverein in Calw, der 1833 zum Calwer Verlagsverein erweitert wurde und sich auf »gute Schulbücher in christlichem Geist« spezialisierte. Beispielhaft ist das populärste Buch, »die *Biblischen Geschichten*, welche in deutscher Sprache in mehr als 1 Million Exemplaren gedruckt«[1] wurden.

Dieser Calwer Verlag ist innigst mit dem Leben der Vorfahren und Eltern Hermanns verbunden. Hermann Gundert (1814–1893), der Großvater mütterlicherseits, war 1859 als Missionar aus Indien nach Europa zurückgekehrt und von der Basler Missionsanstalt zunächst als Mitarbeiter von Dr. Barth und nach dessen Tod im Jahr 1862 als Leiter der Calwer Verlagsbuchhandlung berufen worden. Dort wirkte er bis zu seinem Tod im Jahre 1893. Charakteristisch für ihn ist sowohl eine tiefe Frömmigkeit als auch produktive Gelehrsamkeit. Obwohl er während seines Theologiestudiums in Tübingen ursprünglich sehr unter dem Einfluß der liberal-positivistischen Religionsphilosophie des Theologen David Ludwig Strauss stand, genügte sie dem um sein Seelenheil bangenden Theologiestudenten nicht. Er bekehrte sich nach pietistischer Glaubensauffassung von einem sündigen, gottesfernen Leben, weihte Gott sein Leben und wurde Missionar in Indien. Dort konzentrierte er sich in seiner wissenschaftlichen Tätigkeit hauptsächlich auf indologische Studien, »einer Bibelübersetzung ins Malajalam, einer Malajalam-Gramma-

---

[1] Siegfried Greiner, *Hermann Hesse. Jugend in Calw,* Sigmaringen: Thorbecke, 1981. S. 4. (Im folgenden zitiert als S.G.H.)

tik und der Vollendung seines Malajalam-Wörterbuches«.² Obwohl Hesse wenig Kontakt mit ihm pflegte, hatte dieser schwäbische Glaubensmann durch seine christliche Zucht und Weisheit einen positiven Einfluß auf die religiöse Entwicklung des Enkels.

Väterlicherseits war der Großvater Carl Hermann Hesse (1802–1896), der Kreisarzt und kaiserlich-russischer Staatsrat in Weißenstein in Alt-Estland war, auch Pietist, aber doch viel freier und lebensnaher in seinem christlichen Lebenswandel als der gelehrte Indologe und Calwer Verlagsleiter Hermann Gundert. Er war ein Original, »nicht groß von Wuchs, stark und beweglich, sprühend lebendig, mit einem prachtvollen Kopf, scharfen, lustigen Augen und schneeweißen Locken«, dessen Frohsinn sich auch in seinem Glaubensleben zeigte: »Er war eine Natur, die Freude und Licht brauchte, und er verstand sie zu finden und in sein Leben zu tragen, in den Alltag wie in den Festtag. Aber durch alle die lachende Freude, durch all den blitzenden Humor, durch all den strahlenden Übermut, gingen wie ein Strom, tief und stark, eine Frömmigkeit, ein unmittelbares Leben mit Gott, eine Liebe zu Gottes Wort, ein begeistertes Sichbekennen zu ihm, mit jedem Atemzuge des Lebens. Es war kein Christentum für den Sonntag, nein, für jeden Augenblick des Daseins.« . . . »Mein Heiland liebt frohe Kinder«, sagte er oft, »und warum soll ich denn nicht lachen und jubeln, da ich so reich bin, weiß ich doch, daß ich meinen Heiland habe.«³

Dieser positive und praktische Glaube hatte einen großen Einfluß auf seine elf Kinder. Er war dreimal verheiratet, und Hermanns Vater, Johannes Hesse (1847–1916), war der erste Sohn aus seiner ersten Ehe mit Jenny Agnes Lass (1807–1851), die aber kränklich war und häufig an Migräne und Depressionszuständen litt. Vielleicht war es eine erbliche Belastung, da auch Johannes Hesse sehr viel unter Kopfweh zu leiden hatte und von Natur aus nicht so robust und lebensfroh war. Nach seiner Reifeprüfung an der Ritter- und Domschule von Reval bewarb sich der 18jährige im Jahre 1865 um die Aufnahme als Zögling der Basler Missionsanstalt, um Gott zu dienen und sich auf den Missionsdienst vorzubereiten. Die Ausbildung war nicht leicht für ihn, weil er seinen persönlichen Hang nach Freiheit und Selbstverwirklichung einer pflichtgetreuen Dienstbereitschaft unterstellen mußte: »Ich wollte gelehrt werden – hier ist keine

---

[2] Joseph Mileck, *Hermann Hesse*, Salzburg: Bertelsmann 1979, S. 15. (Im folgenden zitiert als J.M.H.)

[3] Monika Hunnius, *Mein Onkel Hermann*, Heilbronn: Salzer, 1928, S. 19.

Gelegenheit dazu; ich wollte in zurückgezogener Stille leben – (...) – hier muß ich in Schmutz und Geschrei der Wirklichkeit hinein; ich wollte genießen, gesund sein, nach selbstgewählten vernünftigen Grundsätzen mein Leben regeln – hier muß ich oft mit vollem Bewußtsein von der Vorzüglichkeit des Gegenteils das tun, was unumgänglich ist; ich wollte immer frei mich selbst entwickeln und bestimmen – und hier bin ich so gebunden, daß kein Schritt mir selbst gehört ...« (19. 2. 1867).[4]

Trotz aller Schwierigkeiten, die später bei seinem Sohn Hermann noch viel mehr in Erscheinung traten, schaffte er es mit Gottes Gnade und stellte sein Leben als bekehrter Christ und überzeugter Pietist ganz in den Dienst Gottes. Er wurde im Jahre 1869 ordiniert und kam als Missionar nach Indien, wo er zuerst »in Keti, später in Mangalur tätig war«.[5] Aus gesundheitlichen Gründen mußte er aber schon drei Jahre später wieder nach Europa zurück und wurde von der Basler Mission als Gehilfe von Dr. Hermann Gundert nach Calw gesandt. Dort lernte er dessen Tochter Marie (1842–1902) kennen, die Mutter Hermann Hesses, die als Witwe mit ihren beiden Söhnen Theodor und Karl Isenberg im Haus ihres Vaters wohnte. Charles Isenberg, ihren ersten Mann, hatte sie in der Evangelischen Brüdergemeinde kennengelernt und nach ihrer Rückkehr zu ihren Eltern 1865 in Indien geheiratet.[6] Das Eheglück dauerte aber nicht sehr lange, weil Charles im Juni 1869 auf seinem Missionsfeld in Haiderabad einen Blutsturz erlitt und sofort nach Europa zurückkehren mußte. Nach seinem Tod am 19. Februar 1870 in Stuttgart zog Marie zu ihren Eltern ins Haus des Calwer Verlagsvereins und traf dort drei Jahre später Johannes Hesse, den sie am 22. 11. 1874 heiratete.[7] Überzeugt von ihrem tiefen Glauben an Gott, sah sie ihre Aufgabe im Einsatz für das Wohl der Familie und der Arbeit für das

---

[4] Heta Baaten, *Die pietistische Tradition der Familie Gundert und Hesse*, Bochum, 1934. Diss. Münster 1934 (Teildruck). S. 28–29. (Im folgenden zitiert als H.B.)

[5] *Hermann Hesse. Sein Leben in Bildern und Texten*, hrsg. von Volker Michels. Frankfurt: Suhrkamp, 1979. (Text zu Bild Nr. 24) S. 31. (Im folgenden zitiert als V.M.H.)

[6] V.M.H., S. 31. Weitere Information über Johannes Hesse siehe Hermann und Adele Hesse, *Zum Gedächtnis unseres Vaters*, Tübingen: Rainer Wunderlich Verlag, 1930. S. 25–51 u. S. 61–73.

[7] *Hermann Hesse: Kindheit und Jugend vor Neunzehnhundert. Hermann Hesse in Briefen und Lebenszeugnissen*, 2 Bde., hrsg. von Ninon Hesse, fortgesetzt und erweitert v. Gerhard Kirchhoff, 1966, 1978. Bd. I (1877–1895) (suhrkamp taschenbuch 1002), Bd. II (1895–1900) (suhrkamp taschenbuch 1150). Frankfurt a. Main: Suhrkamp, 1984 u. 1985. (Nachwort) Bd. I, S. 557. (Im folgenden zitiert als K.J. mit Angabe von Band und Seitenzahl.)

Reich Gottes: »Obwohl sie neun Kinder hatte, von denen sechs sie überlebten, fand sie nicht nur Zeit, ihrem Vater und ihrem Mann im Calwer Verlagsverein behilflich zu sein, sondern brachte es außerdem fertig, trotz der vielen Alltagsaufgaben und der zahlreichen Gebetsversammlungen vier oder fünf Sprachen zu lernen, Gedichte zu verfassen und Biographien von Bischof James Hannington und David Livingstone zu schreiben.«[8] Ihren vielseitigen Aufgaben hat sie sich mit ganzer Kraft gewidmet, besonders der Erziehung ihrer Kinder.

Dies kam natürlich auch Hermann zugute. Als er am 2. 7. 1877 als ihr zweites Kind aus der Ehe mit Johannes Hesse auf die Welt kam, hatte er schon eine fast zweijährige Schwester Adele (1875–1949) und die bereits erwähnten beiden Halbbrüder Theodor (1866–1941) und Karl Isenberg (1869–1937). Seine weiteren Geschwister waren Paul und Gertrud, die nach schwerer Krankheit früh gestorben sind, Marie (Marulla) (1880–1953) und Johannes (Hans) Hesse (1882–1935).[9] Daß Hermann ein besonderes Kind war, wird aus einem Eintrag seiner Mutter Ende Dezember 1879 in ihrem Tagebuch deutlich: »[. . .] Hermännle entwickelt sich sehr rasch, erkennt alle Bilder sofort, ob sie aus China, Afrika oder Indien, und ist sehr klug und unterhaltend, aber sein Eigensinn und Trotz ist oft geradezu großartig.«[10] Während sie hier noch seinen »Eigensinn und Trotz« als »großartig« bezeichnete, schrieb sie über diesen Zustand nach dem Umzug der Familie von Calw nach Basel im Frühjahr 1881, wo ihr Mann als Herausgeber des Missionsmagazins nach Basel berufen worden war, schon recht bekümmert: »Hermann geht in die Kinderschule; sein heftiges Temperament macht uns viel Not.«[11]

Noch kritischer wurde es Ende 1883, als Johannes Hesse erwog, Hermann außerhalb seines Hauses unterzubringen: »So demütigend es für uns wäre, ich besinne mich doch ernstlich, ob wir ihn nicht in eine Anstalt oder in ein fremdes Haus geben sollten. Wir sind zu nervös, zu schwach für ihn und das ganze Hauswesen nicht genug diszipliniert und regelmäßig. Gaben hat er scheint's zu allem: er beobachtet den Mond und die Wolken, phantasiert lang auf dem Harmonium, malt mit Bleistift und Feder ganz wunderbare Zeichnungen, singt wenn er will ganz ordentlich, und an Reimen fehlt es

---

[8] J.M.H., S. 15.
[9] K.J. I, S. 558 u. Anm., S. 571–573.
[10] K.J. I, S. 8.
[11] K.J. I, S. 10.

ihm nie.«[12] Sein Schwiegervater Hermann Gundert war aber entschieden dagegen, als er fast ein Jahr später aus Calw schrieb: »Ich meine, Ihr solltet Euch rüsten, große Gnaden von Gott gerade in Betreff seiner zu erwarten und also auch herabzuziehen. Ihr könnt ihn doch niemand übergeben, dem mehr an dem Knaben läge als Euch.«[13]

Diese Spannung zwischen den überforderten Eltern und dem Betragen und den Bedürfnissen eines anders geratenen Sohnes zeigte sich in den kommenden Jahren immer wieder, obwohl es dazwischen auch ruhige und glückliche Zeiten gab. Als die Familie auf Wunsch Hermann Gunderts, der die Hilfe seines Schwiegersohnes im Calwer Verlag brauchte, im Juli 1886 wieder nach Calw zog, gab es in den ersten Jahren Probleme mit schlechten Wohnverhältnissen, Mangel an Privatleben, beruflicher Unzufriedenheit und nervlicher Überlastung des Vaters und Hermanns, der wegen »zu schwachem Gliederwachstum«[14] sein Turnen usw. aufgeben mußte.

Da dieser Zustand auf die Dauer nicht mehr tragbar war, trennte sich die Familie von Hermann Gundert und zog am 16. 9. 1889 aus dem großen Verlagshaus in eine Fünfzimmerwohnung in der Ledergasse in Calw. Hermann, der am 6. Juli 1886 in die zweite Klasse der Calwer Lateinschule eingetreten war, war von diesem Umzug nicht allzu sehr begeistert, weil er jetzt kein eigenes Zimmer mehr hatte.[15] Er gehörte zu den Besten in der Klasse. Da er aber 1889 mit Elternhaus und Schule immer unzufriedener wurde, war er froh, als er im Februar 1890 zu Rektor Bauer (1830–1899) in die Lateinschule in Göppingen kam.[16] Dort sollte er sich auf Wunsch der Eltern auf das berühmte Württembergische Landexamen als ersten Schritt zum Pfarramt vorbereiten. Dieses Landexamen war u.a. deshalb wichtig, weil erfolgreiche Kandidaten eine kostenlose Ausbildung in einem protestantischen Seminar erhielten.

Hermann war von der Erziehungsmethode des Rektors Bauer beeindruckt, weil er es verstand, »Schule und Lehrstoff für seine drei-

---

[12] K.J. I, S. 13.
[13] K.J. I, S. 13.
[14] K.J. I, S. 18.
[15] Die Eltern störten sich besonders an der Einmischung Henrietta Ensslins (kurz Tante Jettle genannt), Cousine und Gehilfin von Hermann Gundert, in ihre privaten Angelegenheiten. Sie führte nach dem Tod seiner Frau den Haushalt, und Johannes Hesse fühlte sich bei ihr »immer und ewig unter Gouvernantenaufsicht«. S.G.H., S. 20, 28–30 u. 34.
[16] S.G.H., S. 34 u. 35.

zehnjährigen Zöglinge stets schmackhaft zu gestalten, obgleich das Pensum keineswegs leicht«[17] war. Schon kurz nach seiner Ankunft äußerte er sich in einem Brief an seine Eltern sehr positiv, ganz besonders über den Religionsunterricht des Rektors: »Mir geht's ganz gut. Ich hoffe, Euch auch. Heute war ich zweimal in der Kirche. [...] Heute morgen hatten wir in der Schule Religion über Simson. Es ist rührend, wie der gute Herr Rektor stundenlang über die Religion mit uns spricht. Am meisten macht er einen darauf aufmerksam, daß alles im Alten Testament auf Christum hinweist. Wie z.B. die Juden ihren eigenen Helfer, den Simson, den Philistern ausliefern. Oder wie Simson, ohne Furcht vor den Feinden, unter die Philister tritt, sogar sein Weib aus ihnen nimmt. Wie ihm dann gerade die Zunächststehenden zum Verderben gereichen. Das alles erklärt Herr Rektor so schön, u. weist aber immer besonders darauf hin, daß alles nur ein Vorbild des höchsten Erlösers ist. Das ist sehr schön.«[18]

Sein religiöses Interesse vertiefte sich, und Hermann arbeitete acht Monate später am liebsten an Religionsaufsätzen wie »Kein Prophet ist angenehm in seinem Vaterlande«, »Selig sind, die da geistlich arm sind« und »Tut Buße, denn das Himmelreich ist nahe herbeigekommen«.[19] Wieviel ihm damals das Christentum wenigstens äußerlich bedeutete, wird dadurch deutlich, daß er am Tag seiner Konfirmation am 12. April 1891 in Calw auch am heiligen Abendmahl teilnehmen möchte.[20] Dieser Wunsch wurde ihm von Hermann Gundert erfüllt: »Die Konfirmanden machten ihre Sache gut und weil Memmer [Hermann Hesse] nach Göppingen zurück soll, morgen, gab ich am Sonntag Abend ihm, seinen Eltern, Adele [...] das heilige Abendmahl.«[21]

Vielleicht ausgelöst durch den Druck der intensiven Vorbereitung auf das bevorstehende Landexamen, beklagte sich Hermann ab Januar 1891 über Brustschmerzen, Kopfweh, Schlaflosigkeit und einen Monat später sogar über starke Atembeschwerden.[22] Trotz dieser Belastungen hielt er durch und bestand das Landexamen im Juli 1891, das ihm die Tür für die theologische Laufbahn öffnete.[23]

---

[17] Rudolf Koester, *Hermann Hesse*, Stuttgart: Metzler, 1975 (Realien zur Literatur. Sammlung Metzler Bd. 136) S. 19.
[18] K.J. I, S. 40–41.
[19] Vgl. K.J. I, S. 66.
[20] K.J. I, S. 84.
[21] K.J. I, S. 91.
[22] K.J. I, S. 79, 83, 85 u. 88.
[23] K.J. I, S. 102–103.

## II. Erste Jugendkrisen (Maulbronn, Bad Boll, Stetten, Cannstatt, Calw 1891–1895)

### 1. Maulbronn, Bad Boll, Stetten (1891–1892)

Als Marie Hesse ihren Sohn am 15. September ins Seminar nach Maulbronn brachte, war es noch nicht klar, daß diese Schulzeit einen wichtigen Wendepunkt in seinem Leben bringen würde. Er gewöhnte sich an die neue Umgebung ziemlich schnell und lobte seine Lehrer mit Ausnahme des Turn- und Musiklehrers: »Lieber wollte ich 2 oder 3 Stunden Cicero schaffen, als eine solche Turnstunde durchmachen.«[1] Bezüglich seines Studiums kritisierte Hermann in einem Brief an seine Eltern vom 25. Oktober 1991, daß es teilweise zu pedantisch und für ihn fast bedeutungslos sei: »[. . .] Die Studien sind schön, aber teilweise doch unbefriedigende Streitereien und Ratereien. In dem Studium des Lukasevangeliums sind wir jetzt bereits auf dem erfreulichen Standpunkt angelangt, daß wir fest wissen, daß Lukas wirklich es geschrieben. In der Geschichte sind wir soweit, daß wir von Lykurg so viel wissen, daß man eigentlich nichts von ihm weiß. (Wörtlich zu nehmen!).«[2]

Hermanns Vater, der in dieser Methodik die Gefahr sah, daß sie zum Zweifel am Wahrheitsgehalt der Bibel und des Christentums führen konnte, schrieb ihm am 27. Oktober: »Was Du über die kritischen Fragen, z.B. inbetreff des Lukasevangeliums und des Homer schreibst, hat mir zu denken gegeben. Mir haben diese Dinge nie viel zu schaffen gemacht, weil ich von jeher zum voraus auf der kritischen Seite stand [. . .], daß die jüdisch-christliche Tradition inbetreff mancher biblischen Bücher falsch sei, daß aber für den religiösen Wert derselben darauf nichts ankomme. Wir leben nun einmal seit Kant im Zeitalter der Kritik und können uns davon nicht losmachen. Es tut einem weh, wenn dadurch manche liebliche Illusion zerstört oder kostbare Zeit anscheinend vergeudet wird, aber im Grunde ist es doch der *Wahrheitssinn*, diese fundamentale Voraussetzung aller Wissenschaftlichkeit und aller Religiosität, was zur Kritik drängt. Der Fehler liegt nur darin, daß man viel zu großen Wert auf manche historische und namentlich literargeschichtliche *Einzelfra-*

---

[1] K.J. I, S. 113–114.
[2] K.J. I, S. 127.

*gen*, zuviel Zeit darauf verwendet und namentlich auch in den Irrtum verfällt, als tue es dem Inhalt eines Buches Eintrag, wenn es nicht von dem oder dem verfaßt sei. Dahinter versteckt sich gar leicht eine innere Gleichgültigkeit oder gar Feindschaft gegen die Wahrheit. So schreien wohl viele Hasser des Nazareners: die Urkunden sind ja unecht, das Christentum ist längst widerlegt! Da redet man gleich von Priesterbetrug und wer weiß was für Ungeheuerlichkeiten, bloß um eine Ausrede zu haben für den eigenen Unglauben – der sich nicht auf historische Daten, sondern auf sittliche Wahrheiten und religiöse Tatsachen bezieht. Beim Homer und desgleichen ist's ja ganz klar, daß man sich für ihn begeistern kann, ob es nun von *einem* Dichter herrührt oder von mehreren. Aber auch bei der Bibel sollte man sich durch Abfassungsfragen den Genuß des Studiums nicht verkümmern lassen; [...].«[3] Diese Antwort des Vaters zeigt ganz deutlich, daß es ihm in Glaubensfragen immer um das Wesentliche und nicht um ablenkende und begrenzte wissenschaftliche Vermutungen und Untersuchungen von historischen und literargeschichtlichen Einzelfragen ging. Da für ihn die Heilsgewißheit in Christus die treibende Kraft seines Lebens war, wünschte er sich nichts sehnlicher, als daß sein Sohn seinem Vorbild folgen würde. Doch dieser Wunsch sollte nicht in Erfüllung gehen.

Als Hermann seinem Vater am 28. Oktober schrieb, daß er sich freiwillig von einem Schulkameraden hatte hypnotisieren lassen und von dem Famulus Holzbog wegen Komplikationen aufgeweckt werden mußte[4], war der Vater empört: »Mir sind alle diese undurchsichtigen Dinge ein Greuel. Unser Leib soll sein ein Tempel des heiligen Geistes, unsere Seele ein Werkzeug seines Willens. Berauschung oder Betäubung, sei es nun durch Alkohol oder Morphium oder Hypnotisierung ist eine Befleckung und Erniedrigung dessen, was Gott zu seinem Dienste geschaffen, erlöst und geheiligt hat. Warum mußtest auch gerade Du Dich zu dem Experiment hergeben? [...] Weiß eigentlich der Herr Ephorus oder einer der Lehrer um die Sache? Ich meine fast, Ihr solltet es aufrichtig erzählen wie Du's uns erzählt hast, und sagen, es sei Euch leid.«[5]

Nach dieser bis jetzt vielleicht stärksten Mahnung des Vaters be-

---

[3] K.J. I, S. 128–129.
[4] Hermann Hesse war nicht vollständig geweckt worden und schlief »mit fast ganz offenen Augen« ein. Am nächsten Tag war er froh, daß er den Verstand nicht verloren hatte. K.J. I, S. 130.
[5] K.J. I, S. 132.

folgte Hermann dessen Rat und berichtete den Vorfall den Lehrern, die das Hypnotisieren von jetzt ab verboten.[6] Zu den geistlichen Einwänden des Vaters nahm er aber keine Stellung. Zu dieser Zeit interessierte er sich besonders für die Fächer Religion, Geschichte, Latein, Deutsch, Aufsatz und Singen. Dagegen bereiteten ihm Arithmetik, Geometrie, Französisch, Griechisch, Geographie und gelegentlich auch Turnen und Geigen oft große Schwierigkeiten.[7] Doch mit der Zeit wurde sein Interesse an der Literatur immer größer, und er gründete im Januar 1892 ein »kleines, klassisches Museum«, dem damals zehn Mitglieder angehörten: »Wir lesen klassische Schillerstücke mit verteilten Rollen, deklamieren eigene und andere Gedichte, versuchen uns in kritischen Vorträgen etc.«[8] Bei dieser Tätigkeit war Hesse ganz in seinem Element, und es schien, als ob es ihm im Seminar ganz gut gefiele.[9] Aus diesem Grund kam das Telegramm, das Professor Paulus an Hesses Eltern mit der Nachricht von seiner Flucht aus Maulbronn am 7. März 1892 geschickt hatte, ganz unerwartet.[10] Niemand wußte, wo er war, und Professor Paulus schrieb noch spätabends an Johannes Hesse, »[...] alle unsere Nachforschungen haben vorerst zu keinem Ergebnis geführt.«[11] Erst nach einer qualvollen Nacht erhielten die Eltern die gute Nachricht, daß Hesse wieder wohlbehalten in Maulbronn angekommen sei.[12] Wie groß die Erleichterung war, wird aus dem Eintrag der Mutter »Nun Gottlob! Das Kind ist selbst wieder gekommen«[13] in ihrem Tagebuch am 8. März ersichtlich. Sie machte sich aber Sorgen über die Gründe seines Weggehens und seine Zukunft: »Die Professoren

---

[6] K.J. I, S. 133.
[7] K. J. I, S. 142.
[8] Außerdem bestand noch ein Literaturverband mit ähnlichen Zielen. K.J. I, S. 155.
[9] Siehe seinen Brief vom 14. Februar 1892, in dem er das Verhältnis zwischen den Lehrern und den Schülern und den Schülern untereinander lobt. K.J. I, S. 170–171.
[10] In dem Telegramm, das von Professor Paulus an die Eltern geschickt wurde, hieß es »Hermann fehlt seit 2 Uhr. Bitte um etwaige Auskunft.« K.J. I, S. 179.
[11] K.J. I, S. 180.
[12] Nach einem Eintrag in ihrem Tagebuch (Schwarzes Wachstuchheft) vom 7./8. März fürchtet Marie Hesse, ihr Sohn »sei in besondere Sünde und Schande gefallen, es sei dem Entweichen etwas besonders Böses vorausgegangen, ganz qualvoll gefoltert, so daß ich ganz dankbar wurde, als ich endlich das Gefühl bekam, er sei in Gottes barmherziger Hand, vielleicht schon ganz bei Ihm, erlöst, gestorben, in einem der von ihm so bewunderten Seen ertrunken? [...] Jedes Unglück, jedes bloße in Gottes Hand fallen, schien mir leichter zu tragen als Verschuldung von Hermanns Seite.« K.J. I, S. 182.
[13] (Schwarzes Wachstuchheft; Fortsetzung) K.J. I, S. 182.

nehmen's sehr ernst, sie fürchten partielle Geistesverwirrung, etwas Krankhaftes. Das ist's ja auch und wir sind sehr in Sorge. Da er bisher so gerne in Maulbronn war, ist's uns unerklärlich, daß er fortlief. Ein Stuß und Ärger mit dem Musiklehrer etliche Tage vorher hatte wohl mitgewirkt.«[14]

Für den Vater stand fest, daß sich sein Sohn ändern mußte und daß er seine private Beschäftigung mit der deutschen Literatur und dem Dichten zugunsten vernachlässigter Fächer, wie z.B. Mathematik und Hebräisch, reduzieren mußte. Ohne Pflichterfüllung käme er nicht zum Ziel.[15] Außerdem sah er in dieser Handlung Hermanns eine Glaubenskrise, die Hermanns Berufsziel, nämlich Geistlicher zu werden, fraglich erscheinen ließ: »Ferner hat uns wehe getan, daß Du voreilig schon meinst, Du werdest ja doch nicht Theologie studieren. Nimm's doch damit nicht leicht. Warte doch ab. Wenn Zweifel am christlichen Glauben Dir zusetzen, so laß nur das, was Du bezweifelst bei Seite, bis Du es bedarfst oder verstehst; einstweilen aber halte Dich ans Unzweifelhafte: an die Zehn Gebote.«[16] Den Versäumnissen seiner eigenen Jugend eingedenk, riet er ihm: »Du stehst jetzt in dem schönen Alter, das der Saatzeit gleicht. So säe denn aus – guten Samen; säe – auf den Geist. [...] Ich sage Dir: Beim Heiland hat mans gut. Probier es mit ihm.«[17]

Hermann bedankte sich noch am selben Tag im ersten Brief nach seinem Weggang für die »lieben Worte«, bat um Erlaubnis, seine qualvollen Geigenstunden aufzugeben, »sonst kann ich dem Seminarleben keine schöne Seite mehr abgewinnen«, und schloß ihn mit der Bitte, »Bitte, liebt mich noch wie vorher.«[18] In seiner Antwort vom 10. März versicherte der Vater seinen Sohn der elterlichen Liebe und gewährte ihm seinen Wunsch wegen der Geigstunden. Für die Eltern hing aber wahres gegenseitiges Verstehen letzten Endes von der gemeinsamen Glaubensauffassung ab: »*Unser* höchster Lebenszweck ist, Gott zu gefallen und Ihm in seinem Reich zu dienen. Wenn das auch *Dein* Lebenszweck geworden ist, dann *haben* wir Gemeinschaft untereinander, dann ist alles Licht, Liebe und Freiheit. Solange das nicht der Fall ist, ist ein völliges Verständnis und darum auch ein völliges Einverständnis nicht möglich. Da wird auf unsrer

---

[14] K.J. I, S. 183.
[15] Brief vom 9. März 1892, K.J. I, S. 184–185.
[16] K.J. I, S. 185.
[17] K.J. I, S. 186.
[18] K.J. I, S. 186–187.

Seite immer die Sorge und Bangigkeit vorherrschen, auf Deiner Seite das Mißtrauen oder die Gleichgültigkeit.«[19]

Dieser Wunsch auf eine Sinnesänderung des Sohnes wurde von einem Brief von Professor W. Paulus vom 11. März an die Eltern überschattet, in dem er ihnen mitteilte, daß der Lehrerkonvent aus zwei Gründen gegen einen weiteren Verbleib Hermanns im Seminar sei: »Es ist bei der Untersuchung seines Vergehens an den Tag getreten, daß es ihm in hohem Grad an der Fähigkeit fehlt, sich selbst in Zucht zu halten und seinen Geist und sein Gemüt in die Schranken einzufügen, welche für sein Alter und für eine erfolgreiche Erziehung in einem Seminar notwendig sind. Wir sind daher der Überzeugung, daß für ihn der Besuch eines Gymnasiums [. . .] um vieles vorteilhafter sein müßte. Fürs zweite aber glauben wir, daß sein Aufenthalt im Seminar für seine Mitschüler eine Gefahr werden könnte. Er ist zu erfüllt von überspannten Gedanken und übertriebenen Gefühlen, denen sich hinzugeben er nur zu geneigt ist. Wenn er nun diese seinen Kameraden mitteilt, so wird er entweder, wie dies bisher der Fall war, kein Verständnis finden und sich infolge davon, nach seiner eigenen Aussage, vereinsamt und verkannt fühlen, oder aber, und das wäre eben mit der Zeit doch zu fürchten, wird er auch andere in seine unnatürliche und ungesunde Gedanken- und Gefühlswelt hineinziehen.«[20] Da sich Hermann unter dem Druck dieser äußeren und inneren Belastungen nicht mehr wohlfühlte, schickte ihn der Arzt acht Tage vor den Osterferien »wegen Kopfweh und Schlaflosigkeit«[21] zur Erholung nach Hause. Als Hermann nach den Ferien am 23. April wieder ins Seminar zurückkehrte, verschlimmerte sich sein Zustand zusehends. Sein Onkel David Gundert, der jüngste Sohn von Hermann Gundert, schrieb am 3. Mai aus Stuttgart über einen sonderbaren Vorfall zwischen Hermann und seinem Schulkameraden Otto Hartmann an Johannes Hesse: »Eben 7 Uhr Abends kommt Professor Hartmann zu mir, mit einem Brief seines Sohnes, den dieser einem Sonntagsbrief gestern geheim folgen ließ und wo es heißt: ›Hesse führt sich sonderbar auf; gestern hat er mir wiederholt gesagt, er werde mich abends umbringen, ging auch im Schlafsaal wirklich auf mich los (ohne Waffe), wurde aber

---

[19] K.J. I, S. 187–188.
[20] Hermanns unmittelbare Strafe war eine Karzerstrafe von 8 Stunden, K.J. I, S. 189–190.
[21] Aus dem Tagebuch von Marie Hesse (Schwarzes Wachstuchheft) vom 21. März 1892, K.J. I, S. 196.

zu Boden geworfen. Sodann machte ich ihm klar, daß ich mir solche Frechheit nicht gefallen lasse.‹«[22]

Nach diesem Vorfall führten Otto Hartmann und Hermann ein längeres Gespräch, in dem deutlich wurde, daß letzterer unter schweren Depressionen und Zweifeln am christlichen Glauben litt. Von Hartmann zum Thema Mord und Selbstmord gefragt und was er nach dem Tode erwarte, habe er gesagt: »Er glaube an das Leben nach dem Tod, aber nicht Himmel und Hölle, sondern einen Ort, an dem die Geister miteinander verkehren und glücklich seien, daß jeder den andern verstehe, darauf freue er sich.«[23] So sehr hatte er sich vom Christentum schon abgewandt, daß ihm »die Zeit der alten Griechen« lieber gewesen wäre, »wo man einen Apollo verehrte.«[24] Auch seine Beziehung zu Gott war mit der christlichen Botschaft nicht mehr vereinbar: »Er glaubt wohl an Gott, aber er meint, es bestehe eigentlich gar kein Verhältnis zwischen Gott und Mensch [...].«[25] Mit diesem Vorfall und diesen Aussagen war Professor Hartmann, der außerdem um die Sicherheit seines Sohnes besorgt war, klar, daß Hermann »*ärztliche Beobachtung*« brauchte, um festzustellen, »ob's nur Nervensache sei, oder ob ein wirklicher Defekt (Gehirn) vorhanden.«[26] Aus den Eintragungen Marie Hesses in ihrem Tagebuch vom 4.–10. Mai wird ersichtlich, daß die Eltern, die inzwischen von David Gundert über diesen Vorfall informiert worden waren und ihren Hausarzt Dr. Zahn hinzugezogen hatten, ihr »nervenkrankes Kind« unter keinen Umständen in die Behandlung von »Irrenärzten und -anstalten« geben wollten, weil sie eine Verschlechterung seines Zustandes befürchteten.[27] Ihnen war es viel lieber, als sich Pfarrer Blumhardt (1842–1919), Sohn des berühmten Pfarrers Johann Christoph Blumhardt (1805–1880), bereit erklärte, Hesse sofort in Bad Boll aufzunehmen.[28] Daraufhin holte Marie

---

[22] K.J. I, S. 204.
[23] K.J. I, S. 204–205.
[24] K.J. I, S. 205.
[25] K.J. I, S. 205.
[26] K.J. I, S. 205.
[27] K.J. I, S. 206.
[28] K.J. I, S. 206. Christoph Blumhardt, der Jüngere, hatte 1880 die Leitung von Bad Boll übernommen und »verkündigte die Liebe Gottes zur Welt und sein großes, ›nicht an Kirche und Christenheit gebundenes Wirken‹.« Er lebte ein praktisches Christentum und diente im Interesse der aufkommenden Arbeiterschaft von 1900–1906 als Abgeordneter der Soziáldemokratischen Partei. Sein Vater war seit 1852 in Bad Boll und durch eine große Bußbewegung und Krankenheilungen berühmt geworden. Anmerkungen, K.J. I, S. 565.

Hesse ihren Sohn am 7. Mai mit Genehmigung der Lehrerschaft im Seminar ab und brachte ihn umgehend nach Bad Boll.[29] Obwohl Hesse immer noch an Kopfweh und Schlaflosigkeit litt, gefiel es ihm in Bad Boll besser als in Maulbronn, weil er sich viel freier bewegen konnte und nicht mehr unter dem Leistungsdruck des Seminars stand: »Es ist so angenehm, bei jedem Schritt sich besinnen zu dürfen: Ist's auch gesund, ist's nicht aufregend, nicht schädlich. Mitten in der Gesellschaft kann man so schön, so frei sich selber leben. Es ist ähnlich, wie ich mir das Leben im Orient vorstelle: Man braucht nichts als Kleider, das übrige versteht sich von selbst.«[30]

In diesem Zusammenhang wird Hesses Kampf zwischen den Ansprüchen seiner werdenden Persönlichkeit und den Erfordernissen der Umwelt, einem Hauptthema seiner reiferen Jahre, schon angedeutet. Dabei spielt sein starker Eigensinn, den er schon als Kind hatte, sicherlich eine wichtige Rolle. In der politischen Betrachtung *Eigensinn* (1919) beschreibt er ihn fast siebzehn Jahre später als Tugend: »Eine Tugend gibt es, die liebe ich sehr, eine einzige. Sie heißt Eigensinn. – Von allen den vielen Tugenden, von denen wir in Büchern lesen und von Lehrern reden hören, kann ich nicht so viel halten. Und doch könnte man alle die vielen Tugenden, die der Mensch sich erfunden hat, mit einem einzigen Namen umfassen. Tugend ist: Gehorsam. Die Frage ist nur, wem man gehorche. Nämlich auch der Eigensinn ist Gehorsam. Aber alle andern, so sehr beliebten und belobten Tugenden sind Gehorsam gegen Gesetze, welche von Menschen gegeben sind. Einzig der Eigensinn ist es, der nach diesen Gesetzen nicht fragt. Wer eigensinnig ist, gehorcht einem anderen Gesetz, einem einzigen, unbedingt heiligen, dem Gesetz in sich selbst, dem ›Sinn‹ des ›Eigenen‹.«[31] Diesem »Gesetz in sich selbst« ist Hesse sein Leben lang – oft im scharfen Konflikt mit der Umwelt – treu geblieben. Der hoffnungsvolle Anfang in Bad Boll wurde aber jäh mit einem Brief von Pfarrer Blumhardt an Marie Hesse vom 20. Juni unterbrochen, in dem er ihr mitteilte, daß Hesse heute »mit Hinterlassung von Selbstmorddrohungen«[32] weggelaufen, aber inzwischen wieder zurückgekommen wäre. Er möchte die jetzige Lage mit ihr

---

[29] Von den Lehrern glaubten nur Ephorus (Superintendent) Palm und Professor Walz »nicht an Geistesstörung«, die anderen, »drei Lehrer und der Arzt hatten um H.'s Entfernung gebeten.« Der Ephorus meinte, »H. solle dies Semester aussetzen.« K.J. I, S. 206–207.
[30] Brief an die Eltern vom 23. Mai aus Bad Boll, K.J. I, S. 211.
[31] G.W. 10, S. 454.
[32] K.J. I, S. 220.

besprechen, schlage aber vor, Hesse zu Dr. Gustav Landerer, dem Leiter der Christophsbad-Heilanstalt in Göppingen, zu bringen.³³ Höchst alarmiert reisten Marie Hesse und David Gundert, der sie von Stuttgart aus begleitete, sofort nach Göppingen, wo Blumhardt auf sie wartete. Da dieser Hesse loswerden wollte, verlangte er von ihnen, sie sollten zu Sanitätsrat Landerer gehen und ihn fragen, ob er Hesse aufnehmen könnte. Außerdem wollte er, daß sie Oberamtsarzt Dr. Engelhorn fragten, ob er mit ihnen nach Bad Boll kommen könnte, um Hermann zu untersuchen. Beide Ärzte sprachen sich gegen einen Aufenthalt in einer Irrenanstalt aus, weil Hermann noch zu jung wäre und so eine Entscheidung nur als letzter Ausweg in Frage käme. Da Dr. Engelhorn wegen anderer Verpflichtungen erst am nächsten Morgen nach Bad Boll kommen konnte, reisten die beiden gleich nach Bad Boll weiter.³⁴ Die Mutter mußte die schwerste Prüfung ihres Lebens bestehen, als sie zusammen mit David Gundert ihren Sohn in Brodersens Restaurant traf, »als Gefangener, finster und verstört saß H. und grüßte uns nicht. Es waren die qualvollsten Stunden meines Lebens, die ich bei ihm – Tag und Nacht – zubrachte.«³⁵

Auch der nächste Morgen brachte keine Erleichterung, als Dr. Engelhorn angekommen war und Pfarrer Blumhardt »bloß von Bosheit und Teufeleien heruntertonnerte, daß einem Hören und Sehen verging.«³⁶ Ohne Widerrede mußte Marie Hesse mitanhören, wie sowohl Pfarrer Blumhardt als auch Herr Brodersen »von schlechter Erziehung und ihren Früchten«³⁷ sprachen. Endlich schlug Pfarrer Blumhardt vor, Hermann unangemeldet zu Pfarrer Schall (1877–1943)³⁸, der in Stetten eine Schule für schwachsinnige und epileptische Kinder leitete, zu bringen. Da dieser Vorschlag am besten schien, wurde Hesse noch an demselben Tag nach Stetten gebracht und von Pfarrer Schall aus christlicher Nächstenliebe zur Probe aufgenommen. Zunächst war Hermann enttäuscht von dieser Stätte

---

[33] K.J. I, S. 220.
[34] K.J. I, S. 222.
[35] K.J. I, S. 222. Hesse hatte mit Brodersen in Bad Boll verkehrt und auch Geld geliehen, mit dem er ohne dessen Wissen einen Revolver gekauft hatte, um Selbstmord zu begehen. (Weitere Information siehe auch Hesses Brief an Brodersen vom 20. Juni 1892 auf S. 220.)
[36] David Gundert war nicht zugegen, weil er noch am vorigen Tag heimgereist war. K.J. I, S. 222.
[37] K.J. I, S. 222.
[38] Weitere Information über Hermann Gundert siehe Anmerkungen. K.J. I, S. 774.

und weigerte sich dazubleiben: »›In das Gefängnis wollt ihr mich sperren? Lieber spring ich in den Brunnen dort!‹ Nachdem aber Pfarrer Schall nur etliche Worte mit ihm gesprochen, erklärte er sich bereit, freiwillig zu bleiben.«[39]

Noch an demselben Abend reiste die Mutter ganz erschöpft, an Leib und Seele zerschlagen, wie nach einer schweren, langen Krankheit«[40] nach Hause zurück. Als Nachwirkung dieser streßvollen Tage bekam sie »öfters bei Nacht plötzlich Gallenbrechen, besonders nach Gemütlicher Aufregung«.[41] Wie es zu dieser plötzlichen Verschlechterung in Bad Boll gekommen war, wird aus einem Brief Hermann Gunderts an seinen ältesten Sohn Hermann (1839–1921?)[42] vom 11. Juli deutlich, der Pfarrer in Mount Clemens (Michigan) war, und mit dem er seit 1862 regelmäßig korrespondierte: »Das hast Du vielleicht noch nicht gewußt, *was in Boll vorausging ehe sich Hermann den Revolver kaufte,* er hatte dort *ein Fräulein* getroffen, das auch je und je mit den Jungen *spielte*, obwohl schon 22jährig und *der hatte er seine Liebe gestanden* und *sie damit sehr verblüfft*, weil nun nichts daraus werden wollte, mußte er doch vom Schauplatz abtreten!! Ist doch auch ein Unglück, wenn man so schnell Entschlüsse faßt und ausführt. Gott helfe ihm, daß er die rechte Erkenntnis und Kräftigung seines Willens beim Heiland suche!«[43] Ähnlich äußerte sich auch Eugenie Kolb[44], das von ihm geliebte Fräulein, in einem Brief vom 20. Juni: »[...] keine Erwiderung der Liebe zu finden ist noch lange nicht so schwer zu ertragen, als ein Verhältnis einzugehen, das vielleicht nach jahrelanger Dauer von rauher Hand zerrissen, oder wenn Sie nach Jahren zur Einsicht gekommen wären, daß ihre Liebe nichts als Selbsttäuschung ist. – Das ist schlimm!«[45] Sie kritisierte ihn für seinen Mangel an »Selbstbeherrschung« und »Mannesmut«; das wäre »nichts, wenn man gleich

---

[39] David Gundert und Theodor Isenberg trafen Marie Hesse und Hermann unterwegs und reisten dann zusammen mit ihnen nach Stetten. K.J. I, S. 223.
[40] K.J. I, S. 223.
[41] K.J. I, S. 223.
[42] Weitere Information über Hermann Gundert siehe K.J. I, Anmerkungen, S. 568–569.
[43] K.J. I, S. 230.
[44] Hesse hatte sie durch seinen Halbbruder Theodor Isenberg, der eine Zeitlang im Haus ihrer Mutter wohnte, kennengelernt. Er hatte ihr im Sommer 1892 eine Mappe mit 23 Gedichten gewidmet. K.J. I, S. 234–235.
[45] K.J. I, S. 233.

sein Leben mutlos wegwerfen will!«[46] Nach dieser Zurechtweisung lud sie ihn aber als Theodors Bruder mit der versöhnlichen Geste ein: »Wir trinken bald Bruderschaft.«[47]

Da sich Hesse in Stetten zunächst gesundheitlich erholte und sich auch sonst anständig benahm, durfte er am 5. August wieder zu seinen Eltern nach Calw zurück. Zu Hause änderte sich sein Betragen wieder schnell, »Hermann war entsetzlich aufgeregt und gereizt, trutzte und schimpfte, wollte nicht mit spazieren, klagte über Langeweile und tat nichts, was Vater und Doktor verlangten.«[48] Den Eltern, die durch auswärtige Besuche und andere Verpflichtungen während dieses Sommers schon überlastet waren, fehlte die notwendige Kraft für Hermanns Probleme, und der Vater sah keinen anderen Ausweg, als ihn am 22. August gegen seinen Willen wieder nach Stetten zu bringen.[49] Höchst enttäuscht schrieb er am 30. August seinen Eltern: [...] lebe hier schlechter als vorher, habe aber gegen Niemand geklagt, über Gott und Welt nur im Stillen geflucht [...]« und unterschrieb den Brief mit der verletzenden Bemerkung »H. Hesse Nihilist (haha!).«[50]

Hesse hatte damit zum ersten Mal den christlichen Glauben seiner Eltern, wahrscheinlich aus Eigensinn und Trotz gegen ihr Benehmen und auch aus innerer Überzeugung, angegriffen und negiert. Seit Maulbronn schien es, daß sein Interesse am Christentum in dem Maße abnahm, wie es an der Literatur zunahm. Als ihm Pfarrer Schall Turgenjews *Dunst*, das ihm Theodor Isenberg gebracht hatte, wegnahm, war er empört: »Dieses elende Leben ohne Reiz, ohne Bildung, ohne Unterhaltung genüge einem Tier; ich will auch etwas nicht Alltägliches haben, wenn auch nur in Lektüre.«[51] Der Pietismus seiner Eltern genügte ihm nicht mehr, und die Gottessohnschaft Christi lehnte er entschieden ab: »Da hält man mir Reden: ›Wende dich an Gott, an Christus, etc, etc‹ Ich *kann* eben in diesem Gott nichts als einen Wahn, in diesem Christus nichts als einen Menschen sehen, mögt ihr mir hundertmal fluchen.«[52] Pfarrer Schall, die Eltern und Hermann Gundert befanden sich bei der Behandlung Hermanns in einer schwierigen Lage, weil sie nicht genau

---

[46] K.J. I, S. 233–234.
[47] K.J. I, S. 234.
[48] *Aus dem Tagebuch der Familie Hesse-Isenberg* [1892], K.J. I, S. 247.
[49] K.J. I, S. 247.
[50] K.J. I, S. 249–250.
[51] Brief vom 4. September 1892 an Johannes Hesse, K.J. I, S. 252.
[52] K.J. I, S. 252.

wußten, inwieweit seine Nervenkrankheit sein Benehmen und seine Äußerungen zur Religion beeinflußten. Aus diesem Grund schwankten sie unsicher zwischen Rücksicht und Härte und Verständnis und Ablehnung.

Obwohl ihm der Vater in einem Brief vom 10. September das Beste für die Zukunft wünschte und ihn der Liebe seiner Eltern versicherte[53], war Hesse in seiner ausführlichen Antwort vom 11. September bitter und enttäuscht: »Und hier [in Stetten] wird jegliches Ideal, jede Liebe profaniert, mißverstanden, verlacht. Ihr sagt, ich habe noch ein ganzes Leben vor mir. Allerdings, aber die Jugend ist das Fundament, da ist das Herz noch empfänglich für Gutes und Böses. Aber ach, ich vergesse, daß Ihr andere Menschen seid, ohne Makel und Fehl, wie die Statue, aber ebenso tot. Ja, Ihr seid echte, wahre Pietisten, wie Nikodemus (?): ein Jude, in dem kein Falsch ist. Ihr habt andre Wünsche, Anschauungen, Hoffnungen, andre Ideale, findet in Andrem Eure Befriedigung, macht andre Ansprüche an dieses und jenes Leben; Ihr seid Christen, und ich – nur ein Mensch.«[54] Die Wurzel dieser Dichotomie zwischen dem Glauben der Eltern und seiner eigenen Lebensauffassung sah er in einer andersgearteten Natur: »Ich bin eine unglückliche Geburt der Natur, der Keim zum Unglück liegt in mir selber; aber doch glaubte ich erst vor Monaten, im Schoß der Familie glücklich sein zu können.«[55] Von Christus wollte er nichts mehr hören, weil nach ihm die Realität in Stetten alles andere als christlich war: »Wenn Ihr mir schreiben wollt, bitte nicht wieder Euren Christus. Er wird hier genug an die große Glocke gehängt. ›Christus und Liebe, Gott und Seligkeit‹ etc etc steht an jedem Ort, in jedem Winkel geschrieben und dazwischen – alles voll Haß und Feindschaft. Ich glaube, wenn der Geist des verstorbenen ›Christus‹, den Juden Jesus, sehen könnte, was er angerichtet, er würde weinen. Ich bin ein Mensch, so gut wie Jesus, sehe den Unterschied zwischen Ideal und Leben so gut wie er, aber ich bin nicht so zäh wie der Jude, ich!«[56] In dieser Krise, die hier ihren Anfang nimmt und sein ganzes späteres Leben geändert und bestimmt hat, distanziert sich Hesse vom Pietismus und damit auch vom Glauben der Eltern.

Heta Baaten erklärt, wie stark die pietistischen Richtlinien das

---

[53] K.J. I, S. 256.
[54] Statt Nikodemus war Nathaniel (Joh. 1,47) gemeint, K.J. I, S. 264–265.
[55] K.J. I, S. 265.
[56] K.J. I, S. 265–266.

Leben dieser Gläubigen bestimmen, und warum Hesse ihnen nicht folgen konnte: »Weil das Kernstück des christlichen Glaubens, die Erlösung durch das Kreuz Christi, festgehalten wird bei diesen Pietisten, werden sie selber von diesem gesicherten Punkt aus festgehalten. Obwohl man in Abgeschlossenheit lebt gegen die weitesten Bereiche natürlich-menschlicher Wirklichkeit, indem man alle geistig-seelische und gesellschaftliche Kultur ausschaltet oder doch als ›weltlich‹ verdächtigt, so bricht doch hier die Katastrophe noch nicht aus, es entsteht daraus keine subjektive Lebensunfähigkeit oder objektive Lebensunmöglichkeit, weil der Raum etwa zu schmal geworden wäre, auf dem man leben kann. Denn diese Pietisten leben im ›Reich Gottes‹, sie haben ›die Welt‹ als Arbeitsfeld, und sie sind Knechte ihres ›Herrn‹ für die große Ernte. Deshalb führt sie auch der kirchliche Indifferentismus nicht zu einem extremen religiösen Individualismus. Sie haben für ihr Bewußtsein, wenn auch mit Abstraktionen und Gewaltsamkeiten, die Gleichzeitigkeit mit der urchristlichen Situation hergestellt, wissen sich als Glieder der ›Gemeinde Jesu‹ und leben auf das endliche und völlige Kommen des Reiches Gottes hin.

Ein Künstler von der Art Hermann Hesses konnte mit dieser beschnittenen ›Wirklichkeit‹ nicht leben. Er spürte den ›Mangel an Enthusiasmus und Entgegenkommen, an Kindsköpfigkeit und Bildvergnügen‹ (Hugo Ball). Er fand keinen Raum in diesem Pietismus, weder für sein Leben noch für sein Dichten, da gab er die ganze Sache, das ganze Christentum auf; nicht bloß die Form, die gewiß verkümmert und eng genug war, sondern den Inhalt gleich mit. In Reaktion gegen die pietistische Verdrängung des natürlich-menschlichen Lebens verfiel Hermann Hesse ins andere Extrem und gab der vegetativ-animalischen, der sensitiven Seele den Primat gegenüber dem Geist. Der Künstler in ihm konnte mit einer abstrakten Geistigkeit und Gläubigkeit nichts anfangen, so nahm er seine Zuflucht zur Magie. Magie ist ›bildhaft betonter Geist, die mit allen Kräften der Sinne und der Seele zugleich gefüllte Phantasieform . . .‹ (Hugo Ball).

Den Pietisten steht die persönliche Heilsfrage im Mittelpunkt ihres Lebens und Glaubens; diese psychologische Grundhaltung hat Hermann Hesse beibehalten, ja sie in ein verhängnisvolles Extrem getrieben. Es gibt für ihn nichts Wichtiges mehr als seine eigene Seele, in einer fast mystischen Entrücktheit starrt er auf sein Ich. Er ist den Pietismus nicht los geworden trotz seines Aufruhrs, er ist wohl in die Krisis geraten, aber diese Krisis hat ihn nicht zur Gesundheit geführt, da er die Symptome der Krankheit nicht als solche erkannte, sondern (aus der Not eine Tugend machend) die romantische Innerlichkeit, die überwunden werden müßte, als letzten und höchsten Trumpf ausgab; da er das Chaos der vielen Gegensatzpaare *als* Chaos bejahte, statt die erfüllende Mitte zu suchen und damit das Gleichgewicht zu finden, die neue *Form*, in der das Chaos sich hätte klären und fruchtbar werden können.«[57] In dieser Hinsicht begann Hesses Glaubenskrise schon hier im Konflikt zwischen den Einschränkungen des Pietismus und dem wachsenden literarischen Interesse. Als werdender Dichter zog er schließlich die Kunst dem Glauben der Eltern vor.

Es schien, als ob der Kampf um Hermanns Seele sowohl auf seiten der Eltern als auch Pfarrer Schalls nicht zu dem gewünschten Resultat, nämlich seiner inneren Umkehr, führte. Da Hesse nicht länger in dem von ihm gehaßten Stetten bleiben wollte, bat er seinen Vater, ob er nicht für den Winter zu Pfarrer Pfisterer nach Basel kommen könnte.[58] Dieser erklärte sich bereit, ihn während der zweieinhalbwöchigen Knabenhausferien und gegebenenfalls auch etwas länger, aber nicht für den ganzen Winter, aufzunehmen. Er wäre zu beschäftigt, und er könnte das dortige Gymnasium nicht empfehlen, weil es nicht das richtige für ihn wäre.[59] Hesse freute sich über diese Möglichkeit, aus Stetten wegzukommen, und reiste am 5. Oktober nach Basel.[60] In der familiären Atmosphäre bei Pfarrer Pfisterer, dessen Sohn Heinrich das Gymnasium besuchte und damals auch Ferien hatte, gefiel es ihm gut. Doch überrascht und auch besorgt bemerkte Pfarrer Schall in einem Brief vom 12. Oktober an den Vater: »Im Ganzen habe ich den Eindruck, der Mensch ist für sein Alter zu entwickelt. Er hat in der Literatur gute Kenntnisse, aber über sein Alter; er hat schon Schriften gelesen wie von Bellamy, das ist nicht gut. [...] Mein Heinrich, der ja gut begabt ist und in seiner Klasse im Gymnasium vorne ist, ist neben ihm wie ein Kind und ich bin nicht ohne Sorge, ob der Einfluß H.'s gut ist. [...]

Nun das sind Dinge, die sich nicht ändern lassen und mit Gottes Hilfe kann auch das Gleichgewicht zwischen Alter/Entwicklung

---

[57] H.B., S. 40–41.
[58] Brief an die Eltern vom 22. September 1892, K.J. I, S. 271.
[59] Brief von Pfarrer Pfisterer an Johannes Hesse vom 24. September 1892. K.J. I, S. 273–274.
[60] Brief an die Eltern vom 5. Oktober 1892, K.J. I, S. 279.

wiederhergestellt werden.«[61] Trotz dieses Vorbehalts glaubte er aber wie Pfarrer Schall, daß bei Hesse die in der Stettener Zeit ausgestellte ärztliche Diagnose »primäre Verrücktheit« nicht zutreffe, sondern eher »moral insanity«, die heilbar sei.[62] Auch die Eltern neigten zu dieser Auffassung.

## 2. Cannstatt, Calw (1892–1895)

Nachdem die Ferien in Basel vorbei waren, wurde die Frage nach Hermanns Zukunft wieder akut. Er sagte Pfarrer Schall, daß er am liebsten auf dem Gymnasium in Cannstatt in die siebte Klasse eintreten und dort das Einjährige bestehen möchte. Dann könnte er vielleicht Buchhändler werden, falls er nicht weiterstudieren würde.[63] Dieser Plan wurde sowohl von Pfarrer Schall als auch von den Eltern befürwortet, und Hermann trat am 7. November in die siebte Klasse des Cannstatter Gymnasiums ein. Er wohnte dort bei Präzeptor Geiger, fühlte sich aber nicht wohl und litt weiterhin unter Depressionen, Schwächezuständen und Angstgefühlen vor der Zukunft. Seiner Mutter sagte er vor der Abreise nach den Weihnachtsferien: »Täusche dich nicht über mich; ich bin noch ganz ebenso krank und unglücklich wie damals in Boll und stürbe am liebsten gleich!«[64] Kurze Zeit später faßt er seine Lage in einem Rückblick auf das vergangene Jahr im Brief an die Mutter vom 15./16. Januar zusammen: »Ich denke so gern an das letzte Jahr; besonders an Boll, den letzten Ort, an dem ich mich eine Zeit lang wohl fühlte. Ich bin fast noch ein Knabe und komme mir seit dem letzten Frühjahr so gealtert vor, ich habe seitdem so viel erlebt, wovon Du ja zum Teil weißt. Es war zu viel in zu kurzer Zeit; auf die schreckliche Aufregung, die bis Stetten und Basel dauerte, folgte die Abspannung; monatelang waren alle meine Nerven unausgesetzt in fieberhafter Aufregung; jetzt ist der ärgste Sturm vorüber, aber er hat die Blüten vom Baum mitgenommen und jetzt hängen die Zweige müde her-

---

[61] K.J. I, S. 285–286.
[62] K.J. I, S. 287. Siehe in diesem Zusammenhang auch *Aus dem Tagebuch der Familie Hesse-Isenberg* vom 21. Juni 1892, K.J. I, S. 221–223; Brief von Pfarrer Schall an Johannes Hesse vom 10. Oktober 1892, K.J. I, S. 283–284 und Brief von Pfarrer Pfisterer an Johannes Hesse vom 27. Oktober, K.J. I, S. 296.
[63] Brief von Pfarrer Pfisterer an Johannes Hesse vom 27. Oktober, K.J. I, S. 295.
[64] *Aus dem Tagebuch der Familie Hesse-Isenberg* [1892], K.J. I, S. 316.

ab.«[65] Es scheint, daß diese Bilanz der jüngsten Vergangenheit in ihrer realistischen Bewertung einen ersten Hoffnungsschimmer auf die Überwindung dieser lebensbedrohenden Krise wirft.

Immerhin waren aber die Nachwirkungen dieser turbulenten Zeit zunächst noch so stark, daß er weiterhin gegen alles rebellierte, was mit seiner Lebensauffassung nicht zu vereinbaren war. Nach wie vor lehnte er den christlichen Gott der Mutter ab: »Er kann ja existieren, kann sogar ganz so sein, wie Du ihn Dir denkst; aber mich interessiert er nicht. Glaube nicht, mich auf diese Weise irgendwie zu beeinflussen.«[66] Als sich Hesse nach der Lektüre von Eichendorff, von Selbstmordgedanken gequält, noch an demselben Tag eine Pistole gekauft hatte, schrieb er abends an die Mutter: »Ich habe mich diesmal überwunden, oder war ich feige? Ich weiß es nicht; aber mein Kopf ist voll Wust und Lärm, und ich möchte jemand wissen, zu dem ich sagen könnte: Hilf mir!«[67] Ihrer Antwort schon im voraus gewiß, sollte es nicht göttliche, sondern menschliche Hilfe sein. »Jetzt wirst Du wohl gleich Jesus und Gott bringen, aber ich kenne sie nicht; doch möcht ich zu jemand sagen: Hilf, hilf mir!

Aber das müßte Einer sein, der mich versteht, und der die Macht hätte, mich in eine andre Welt zu versetzen.«[68] Das wäre seine einzige Rettung, weil ihm alles andere, die Poesie mit einbegriffen, keinen Trost und keinen Mut zum Weiterleben geben könnte.[69] Als die besorgte Mutter Hesse am nächsten Tag bei Geigers besuchte, machte er ihr das Herz durch sein Schreien und Schimpfen so schwer, daß sie fast keinen Ausweg mehr wußte. »Ich war an Leib und Seele krank, bekam tüchtigen Katarrh und fühlte mich so ohnmächtig, der bösen Macht gegenüber [...]. Vater nimmt herzlichen Anteil und betet viel für Hermann, aber raten kann und will er nicht; Gott allein kann da helfen.«[70] Für die Mutter bedeutete »die böse Macht« sicherlich ein dämonischer Angriff Satans, der das Ziel hatte, Hesse vom Glauben an den Gott der Bibel und dessen Heilsplan in Christus abzuhalten. Da dieser Kampf über ihre Kräfte ging, konnte nur das Eingreifen Gottes im Leben Hesses eine Änderung

---

[65] K.J. I, S. 321.
[66] Brief an Marie Hesse vom 20. Januar 1893 (Vormittags 11 Uhr), K.J. I, S. 323.
[67] (Abends 6 Uhr) K.J. I, S. 324.
[68] K.J. I, S. 324.
[69] K.J. I, S. 324–325.
[70] *Aus dem Tagebuch von Marie Hesse* (Schwarzes Wachstuchheft) (1893), K.J. I, S. 326.

bringen. Somit bestand die einzige Hoffnung für die Eltern in täglicher Fürbitte für ihren leidenden und unglücklichen Sohn.

Aber Hermanns Zustand hatte sich noch verschlimmert, als er am 20. Februar an seine Eltern schrieb: »[...] mein Kopf ist so heiß und bös und mein Herz so bang und trüb und mein Auge so schwach! [...] Verzeiht mir, verzeiht mir, Eltern, ich war so böse und bin jetzt noch böser als je. Ich glaube es geht zu Ende mit mir, ich erlösche so allmählich, ich bin so dumm und dumpf und krank und angstvoll und lieblos [...].«[71] Für den Vater bestand die Problematik Hermanns in dessen Annahme des Nihilismus und Ablehnung des christlichen Glaubens: »[...] zum Nihilismus zieht uns die Ungeduld, der Weltschmerz und die verführende Macht derer, die wohl auch geistreich und welterfahren waren, aber aus Hochmut oder übertriebener Eigenliebe sich nicht fügen wollten in die Schranken, die uns im Diesseits nun einmal gesetzt sind. Wer sein *eigenes* Leben, seine eigenen Gefühle, Gedanken, Wünsche in den Tod zieht und es mit dem versucht, der uns über uns selbst hinausheben will, *dem* geht ein neues Leben auf schon hienieden.«[72]

Während Hesse auf die christlichen Einwände seiner Eltern, besonders seines Vaters, fast nie direkt eingegangen ist, hat er während dieser Zeit doch immer wieder Aussagen über das Christentum gemacht, die seine Abneigung, ja sogar Feindschaft zu ihm, bezeugen. Sicherlich waren die Eltern wie schon so oft vorher von Hermanns Aussagen zu ihrem christlichen Leben und zur christlichen Religion in seinem Brief vom 24. März enttäuscht: »Ich kann keine Liebe ertragen, am wenigsten christliche Liebe. Wenn Christus wüßte, was er angerichtet! Er würde sich im Grab umdrehen.«[73] Mit der Aussage »im Grab umdrehen« verneinte er auch indirekt die Gottessohnschaft Christi, weil dieser nach der Bibel am dritten Tag nach der Kreuzigung von den Toten auferstanden ist. Von neuen Schwindelzuständen belastet, erwartete er als Ausweg aus dieser Lebensqual den baldigen Tod und verabschiedete sich etwas sarkastisch von den Eltern: »Ihr dauert mich! So fromme, ehrbare, rechtliche Leute – und der filius ein Lump, der Moral und alles ›Heilige‹ und ›Ehrbare‹ verachtet! Fast schade! Aus mir hätte schon was wer-

---

[71] K.J. I, S. 335.
[72] K.J. I, S. 337–338.
[73] K.J. I, S. 346.

den können, wenn ich dümmer gewesen wäre und mich von vornherein mit Religion etc hätte belügen lassen.«[74]

Als ob das Maß für die angegriffenen Eltern noch nicht voll wäre, hatte sich Hermann zu dieser Zeit laut eines Briefes vom 3. April von L. Geiger an Johannes Hesse mit einem reichen Amerikaner namens Charles Gl., der »[...] sich's zur Aufgabe gemacht zu haben scheint, junge Leute, besonders Gymnasiasten in seine Netze zu ziehen und zu einem liederlichen Leben zu verführen«, eingelassen.[75] Unter diesem schlechten Einfluß verschlechterte sich Hermanns Benehmen, der zum Leidwesen seiner Gasteltern schon mehrmals sehr spät vom Wirtshaus mehr oder weniger betrunken nach Hause gekommen war und dadurch den Hausfrieden und die Hausordnung gestört hatte.[76] Erst nach ernster Ermahnung des Vaters gab Hermann diese Verbindung auf.[77] Die Mutter, natürlich sehr besorgt um sein Seelenheil, beschrieb seinen innerlichen Werdegang sehr negativ, als er nach den Osterferien am 12. April wieder nach Cannstatt zurückkehrte: »[...] äußerlich kommt er uns gesünder vor, aber leider steht er innerlich ganz schlecht, es ist offene Feindschaft gegen Gott und Sein Lichtsreich. An der Konfirmation mußte er vor zwei Jahren die Antwort hersagen von der Bosheitssünde. Ja, mit Wissen und Willen huldigt er dem Geist dieser Welt, er sagt: ›Ihr könnt Euch ja auf den Himmel vertrösten, aber ich will jetzt hier mein Teil und mirs wohl sein lassen, trotz Gewissen und Gotteswort und Verbot!‹«[78] Inmitten dieses Glaubenskampfes zwischen Eltern und Kind starb der Großvater Hermann Gundert am 25. April 1893, und Hermann war bei der Beerdigung am 27. April auch zugegen. Obwohl er nicht allzuviel direkten Kontakt mit ihm gehabt hatte, vermißte er ihn sehr: »Ich habe eigentlich nie mit ihm gesprochen, ihn nicht oft besucht, doch ist es mir, als hätte ich viel verloren, ein unerklärliches Etwas.«[79]

Die Mutter, ermuntert durch den positiven und nachhaltigen Einfluß ihres soeben verschiedenen Vaters auf die Glaubenseinstellung ihrer ersten beiden Söhne Karl und Theodor, schrieb am 11. Mai mit erneuter Hoffnung an Hermann: »Willst Du nicht auch

---

[74] K.J. I, S. 346.
[75] Brief von L. Geiger an Johannes Hesse vom 3. April 1893, K.J. I, S. 350.
[76] K.J. I, S. 349.
[77] *Aus dem Tagebuch von Marie Hesse* vom 24. März 1893, K.J. I, S. 347.
[78] K.J. I, S. 355.
[79] Brief vom 7. Mai 1893 an Johannes und Marie Hesse, K.J. I, S. 360. Siehe auch die Briefe auf S. 357–360.

Dich aufmachen, umkehren, Kind werden, Gott, Deinen Vater suchen und anrufen, daß Er Dich heile? O liebes Kind, es gibt keinen andern Weg zum Frieden als durch Buße hindurch zum Glauben, zur Hoffnung, zur Liebe. Gott helfe Dir da hinein!«[80] Auch der Vater bekam neue Hoffnung und bat Karl und Theodor um ihren Beistand für die anderen Geschwister, besonders für Hermann: »Wenn Ihr *mit uns* Gott anflehet um eine gnädige Wendung für den armen Jungen, wenn Ihr mit uns ihm bezeugt, daß es nur einen Weg zum Glück gibt, nämlich den schmalen – o dann werde auch ich mit mehr Zuversicht für ihn beten und hoffen können.«[81] Die Bitte des Vaters blieb nicht unerhört, und Theodor berichtete ihm am 2. Juni von einer inneren Wandlung, »[...] wie ich von der hochtrabenden Philosophie zum demütigen Christentum zurückgegriffen, weil ich erkannte, daß bloß Entsagung vom eigenen Ich und selbstentsagendes Aufgehen in der Allgemeinheit – oder wie es der Christ ausdrückt, in Gott, zum Ziele führt.«[82] Für dieses »Selbstaufgeben«, das auch Karl erfahren hatte, war Hermann nicht bereit. Am 23. Juni schrieb er an seinen Onkel David, warum er anders dachte: »Ich habe einmal Ideale gehabt, es ist noch nicht lange her, aber Ihr habt sie nicht gekannt und geachtet, so hab ich sie eben verloren.

Ich schwärmte für Literatur, Poesie, für Pantheismus und Schönheit. Es war doch viel besser, andre Ideale als Ihr zu haben, als gar keine. Stand Euch Christen der Pantheist, der Träumer nicht näher, als der Atheist, Nihilist. Jetzt bin ich selber mein Gott, ich bin fertiger, vollendeter Egoist. So geht es.«[83] Der Onkel ging auf die Anklage, daß Mißverständnisse seitens der Familie zu diesem Tiefpunkt geführt hätten, gar nicht ein, sondern schrieb ihm zwei Tage später, was er von dieser Selbstvergöttlichung halte: »Im ›Ich‹ finden wir keinen Fortschritt, sondern einen traurigen Kreislauf. Wenn Du vor diesem ›Ich‹ einmal einen Abscheu gekriegt hast, dann werden wir uns besser verstehen im Ersehnen und Erfassen dessen, der ›Leben und volles Genüge‹ verheißen hat.«[84]

Parallel zu diesem Kampf um Hermanns Seelenheil war natürlich auch die Frage seiner beruflichen Laufbahn weiterhin aktuell. Er bestand das »Einjährige« Examen im Juli und verbrachte die Sommer-

---

[80] K.J. I, S. 362.
[81] Brief an Karl Isenberg vom 17. Mai 1893, K.J. I, S. 364.
[82] K.J. I, S. 367–368.
[83] K.J. I, S. 376–377.
[84] K.J. I, S. 378.

ferien zu Hause. Die Mutter, überrascht über die hohen Rechnungen für seine literarischen Anschaffungen von Werken von Goethe, Lenau, Heine und anderen, schrieb ihrer Tochter Adele am 1. August: »Da kann nur Herzensänderung – wahre Bekehrung – Wandel schaffen. *Selbst* ist sein Gott und für den sollen Andre jedes Opfer bringen.«[85] Die nach biblischen Grundsätzen lebende Mutter sah in dieser Leichtfertigkeit, daß ihr Sohn immer noch weit entfernt von der elterlichen Glaubensauffassung war. Als er nach einem ziemlich erholsamen Sommer am 17. September wieder zurück ins Gymnasium in Cannstatt ging, verschlechterte sich sein Gesundheitszustand wieder so schnell, daß er aus der Schule austrat und am 18. Oktober nach Hause zurückkehrte.[86]

Auf Wunsch Hermanns, der jetzt lieber einen praktischen Beruf ergreifen wollte, fanden die Eltern eine Lehrlingsstelle bei dem Buchhändler S. Mayer in Esslingen. Er begann dort seine Buchhändlerlehre am 26. Oktober, erschien aber schon am 30. nicht mehr zur Arbeit. Der geängstete Vater fand ihn am 3. November in Stuttgart, brachte ihn sofort zur Untersuchung seines Geisteszustandes zu Dr. Zeller in Winnenthal und kehrte noch abends mit ihm nach Hause zurück.[87] Dort half Hermann von November 1893 bis Mai 1894 bei Garten- und Büroarbeiten und las auch viel in der umfangreichen großväterlichen und väterlichen Bibliothek. Im Juni wandte sich Hermann schriftlich an den Vater, um ihm seine Pläne für die Zukunft darzulegen. Wegen der beiderseitigen Reizbarkeit und der unterschiedlichen Auffassungen versprach Hesse sich mehr von einem schriftlichen Verkehr als von einer mündlichen Aussprache. Zunächst teilte er seinem Vater mit, daß der bisherige Weg der falsche war, »[...] ich fühlte zu allem, was Ihr aus mir machen wolltet, keine Lust, keine Kraft, keinen Mut. Wenn ich so ohne jedes Interesse an meiner Arbeit Stunde um Stunde im Geschäft oder Studium war, ergriff mich eben der Ekel.«[88] Da aus den bisherigen Plänen der Eltern nichts geworden sei, wolle er es mit einer freien literarischen Laufbahn im Raum Stuttgart versuchen, benötige aber etwas Eigenkapital vom Vater. Sollte er nach dessen Gewähr scheitern, erhöbe

---

[85] K.J. I, S. 384.
[86] Siehe Hesses Brief vom 8. oder 9. Oktober 1893 an Johannes und Marie Hesse, K.J. I, S. 394–395; Frieda Montigels Brief vom 18. Oktober 1893 an Marie Hesse, K.J. I, S. 398 u. Marie Hesses Brief vom 19. Oktober 1893 an Adele Hesse, K.J. I, S. 398–399.
[87] *Aus dem Tagebuch der Familie Hesse-Isenberg* [1893], K.J. I, S. 407.
[88] K.J. I, S. 415.

er keinen Anspruch mehr darauf, »einen eigenen Willen zu haben, d.h. mit dem Irrenhaus verschont (?) zu werden.«[89]

Der Vater, der ein erneutes Abrutschen ins »Rauchen, Wirtshaussitzen und Schuldenmachen« befürchtete, lehnte den Vorschlag seines Sohnes ab und ermunterte ihn als vorübergehende Lösung zur »[...] Wahl irgend einer regelmäßigen, für Körper und Geist nicht allzu anstrengenden Tätigkeit.«[90] Daraufhin entschloß Hesse sich für einen handwerklichen Beruf und trat am 5. Juni als Praktikant in H. Perrots Turmuhrenfabrik in Calw ein. Die Mutter, der Dr. Zahn zu dieser Zeit wegen einer Knochenerweichung eine sechsmonatige Kur mit Bettruhe und täglichem Baden verordnet hatte, freute sich über diesen Entschluß Hermanns als [...] den ersten »Schritt zu seiner Besserung«. Der Gesundheitszustand der Mutter wurde aber nicht besser, sondern verschlechterte sich.[91]

Dieses Mal lief Hermann nicht wie in Esslingen nach kurzer Zeit davon, sondern hielt es 15 Monate aus. Er dachte, daß er sich seine Zukunft im Ausland mit diesem handwerklichen Beruf vielleicht besser als in Deutschland sichern konnte, und befaßte sich eingehend mit Plänen, seine Heimat zu verlassen und nach Rußland oder nach Amerika, ganz besonders Brasilien, auszuwandern.[92] Außerdem stand er mit Theodor Rumelin (1877–1920), seinem Schulkameraden aus der Maulbronner Zeit, in reger brieflicher Verbindung. Er schrieb ihm am 17. April 1895, »[...] ich bin bekehrt zum Glauben an das Schöne, an Goethe, Schiller, an die Antike, ich habe aufgehört, Ibsen und Turgenjew zu verehren. Nur von Heines bezaubernden Weisen werde ich wohl nie ganz los kommen.«[93] Mit diesem Urteil hatte er sich wieder der Klassik genähert und sich vom Naturalismus, ganz besonders dem »nihilistischen Naturalismus« der Russen distanziert.[94] In einem Brief vom Mai an seinen ehemaligen Gymnasiallehrer Dr. E. Kapff beklagte er sich über die Eintönigkeit seines Lebens und den Mangel an verständnisvollen Freunden: »Mir fehlt hier aller Umgang, besonders alle Gelegenheit, über Nichtalltägliches zu sprechen, Freunde konnte ich hier nicht finden und

---

[89] K.J. I, S. 415–416.
[90] Brief an Hermann Hesse [Antwort, undatiert, auf einem zweiseitig beschriebenen Blatt, unterschrieben: H.], K.J. I, S. 417.
[91] *Aus dem Tagebuch der Familie Hesse-Isenberg* [1894] K.J. I, S. 425–426.
[92] Über seine Auswanderungspläne siehe seinen Brief vom 15. Juni 1895 an Dr. E. Kapff, K.J. I, S. 9–16.
[93] K.J. I, S. 450.
[94] Brief von Mitte Mai 1885 an Theodor Rümelin, K.J. I, S. 457–463.

mein Beruf (Techniker), in den mich die Umstände drängten, befriedigt mich nicht.«[95]

Den Vater, den er auf der einen Seite für die ausgezeichnete Lektüre »[...] vom Robinson und Simplizissimus bis zu den klassischen Sagen und dem Don Quichote, von Uhland bis zu Schiller, Goethe, Platen, Geibel, von Walter Scott bis zu Dickens, Milton, Shakespeare [...]« lobte, kritisierte er auf der anderen: »Mein Vater ist zu einseitig mit seiner literarischen Tagesarbeit beschäftigt, um sich für mein Dichten zu interessieren.«[96] Aus diesem Grund war er für das persönliche Interesse des älteren Freundes sehr dankbar und berichtete ihm, daß er seit der Cannstatter Zeit reifer geworden sei und seinen unruhigen Lebenswandel geändert habe: »Ich bin seit Cannstatt ein Andrer geworden, ruhiger und klarer im Urteil, selbständiger; auch das tolle Kneipenleben ist mein Geschmack nicht mehr. Ich bin in meiner freien Zeit Tag für Tag mutterseelenallein und verwende diese Zeit fast ganz aufs Studium der Literatur, auch der Geschichte, lerne die Geschichte der Kunst und der Philosophie ein wenig kennen, bes[onders], da mir meines Vaters Bibliothek (einige Tausend Bände) zur Verfügung steht.«[97]

Außerdem erklärt Hesse Dr. Kapff seine ersten dichterischen Anfänge und die damit verbundene Problematik der Schulzeit, die jetzt überwunden sei: »›Gedichtet‹ habe ich schon als Knabe, ich besang schon als Kind Wald und Flur, allerdings ohne diese Lieder je aufzuschreiben, lieferte auch gelegentlich einen Geburtstagsvers etc. Eine dichterische Individualität begann sich erst etwa im vierzehnten Jahr auszubilden, ich begriff, daß klingender Reim und Rhythmus keinen Dichter machen und begann schüchtern, eigene Stimmungen lyrisch darzulegen. Damals übte das Kloster Maulbronn und das Klosterleben einen bedeutenden Einfluß auf mich aus. Doch begann wirklich eigenes Dichten später. Ich verließ Maulbronn, krank und verdorben durch allzu bunte Lektüre, ich fühlte mich unverstanden, elend, die Ahnung des Weltschmerzes quälte mich – nervenkrank mußte ich Bad Boll besuchen. Und da begann innen und außen ein neues Leben. Nach einigen recht glücklichen Wochen mußte ich auch Bad Boll verlassen, ganz krank und trostlos, von Selbstmordgedanken gequält. Es war eine Liebesgeschichte. Damals geriet ich in die haltlose, revolutionäre, düstere Stimmung, abwechselnd mit

---

[95] K.J. I, S. 464. Über Dr. Kapff siehe auch S. 469 u. 573.
[96] K.J. I, S. 464.
[97] K.J. I, S. 464–465.

Zeiten der ausgelassensten Lustigkeit, in den grausten Weltschmerz, ich war in Stetten, in Basel, im Winter jenes Jahres kam ich nach Cannstatt. Jetzt erst habe ich allmählich wieder Ruhe und Heiterkeit gefunden, bin geistig gesund geworden – von jener bösen Zeit voll Zorn und Haß und Selbstmordgedanken will ich nimmer sprechen, Sie haben vielleicht s[einer] Z[eit] Einiges davon gehört. Jetzt ist diese Zeit vorbei. Immerhin hat sie mein dichterisches Ich ausgebildet; die tollste Sturm- und Drangzeit ist glücklich überstanden.«[98]

Mit dieser Selbstanalyse war ein Neubeginn möglich, und Hermann konnte jetzt seine Zukunft realistischer gestalten als vorher. So gab er im September seine Arbeitsstelle bei Perrot auf und begann am 17. Oktober 1895 als Lehrling in der Buchhandlung Hekkenhauer in Tübingen. Damit hatte er den entscheidenden Schritt zu seiner Unabhängigkeit und dem Lebensziel, Dichter zu werden, getan.[99] Dies bezeugte er auch in seinem *Kurzgefaßten Lebenslauf*, der 1924 erschien: »Die Sache war so: von meinem dreizehnten Jahr an war mir das eine klar, daß ich entweder ein Dichter oder gar nichts werden wolle. Zu dieser Klarheit kam aber allmählich eine andre, peinliche Einsicht. Man konnte Lehrer, Pfarrer, Arzt, Handwerker, Kaufmann, Postbeamter, auch Musiker werden, auch Maler oder Architekt, zu allen Berufen der Welt gab es einen Weg, gab es Vorbedingungen, gab es eine Schule, einen Unterricht für den Anfänger. Bloß für den Dichter gab es das nicht! Es war erlaubt und galt sogar für eine Ehre, ein Dichter zu sein: das heißt als Dichter erfolgreich und bekannt zu sein; meistens war man leider dann schon tot. Ein Dichter zu werden aber, das war unmöglich, es werden zu wollen, war eine Lächerlichkeit und Schande, wie ich sehr bald erfuhr. [...]

So sah ich zwischen mir und meinem fernen Ziel nichts als Abgründe liegen, alles wurde mir ungewiß, alles entwertet, nur das eine blieb stehen: daß ich Dichter werden wollte, ob es nun leicht oder schwer, lächerlich oder ehrenvoll sein mochte.«[100]

Da ihm der Weg zum Dichter in der Schule verbaut war, bildete er sich selbst aus: »Ich begann mit fünfzehn Jahren, als es mir in der Schule mißglückt war, bewußt und energisch meine eigene Ausbil-

---

[98] K.J. I, S. 467–468.
[99] Siehe Brief vom 1. Oktober an Dr. Ernst Kapff, K.J. II, S. 9–16 u. aus H.H. »Erinnerung an Hans« [1935], K.J. II, S. 19.
[100] G.W. 6, S. 393–394.

dung, und es war mein Glück und meine Wonne, daß im Hause meines Vaters die gewaltige großväterliche Bibliothek stand, ein ganzer Saal voll alter Bücher, der unter andrem die ganze deutsche Dichtung und Philosophie des achtzehnten Jahrhunderts enthielt. Zwischen meinem sechzehnten und zwanzigsten Jahre habe ich nicht bloß eine Menge Papier mit meinen ersten Dichterversuchen vollgeschrieben, sondern habe in jenen Jahren auch die halbe Weltliteratur gelesen und mich mit Kunstgeschichte, Sprachen, Philosophie mit einer Zähigkeit bemüht, welche reichlich für ein normales Studium genügt hätte.«[101] Damit war ganz klar, daß Hermann, von seiner Aufgabe als Dichter überzeugt, die in Maulbronn begonnene theologische Laufbahn nicht einschlagen konnte. Er wurde aber in der Verwirklichung dieses Ziels weder von seinen Eltern noch von der Gesellschaft richtig verstanden. Für Ralph Freedman besteht die Problematik Hesses in einer religiösen Krise und dem Unverständnis der Eltern und der Öffentlichkeit: »Hesses Jugend wurde deutlich zerstört durch seine Zweifel an der Religion der Eltern, seinem Gefühl, von ihnen in seiner Eigenart abgelehnt zu werden und verloren zu sein, seinem Gespür für das Versagen des Vaters. So hatte es ganz den Anschein, als wollte er sein junges Leben in impulsiven Gebärden wegwerfen. Er verlangte nach einem Zuhause, nach Frauenliebe – der Liebe seiner Mutter, seiner Schwester, einer Freundin – und nach der Freundschaft mit jungen Männern seines Alters. Der Autorität älterer Männer hingegen, die genau die Gesellschaft hervorgebracht hatten und aufrechterhielten, deren Forderungen er so empfindlich zu spüren bekam, konnte er nicht näherkommen. Seine Krisen hatten ihn gelehrt, daß den theologischen Seminaren, Heilanstalten, restriktiven Vorstehern und Lehrern nur auf zwei Arten zu begegnen war: entweder durch Fügsamkeit oder durch Weglaufen. Mit beidem hatte er es versucht.«[102] Vielleicht sollte man diesen Äußerungen Ralph Freedmans hinzufügen, daß diese Schwierigkeiten entstanden sind, weil Hesse das Ziel des Dichterberufs schon damals zur ersten Priorität seines Lebens gemacht hatte. Dadurch wurden andere Gebiete seines Lebens, wie zum Beispiel Familienbeziehungen und sein christliches Glaubensleben, negativ beeinflußt.

---

[101] G.W., S. 395–396.
[102] Ralph Freedman, *Hermann Hesse: Autor der Krisis*. Eine Biographie aus dem Amerikanischen von Ursula Michels-Wenz, Frankfurt: Suhrkamp, 1982. S. 73–74. (Im folgenden zitiert als R.F.H.)

## III. Auf dem Weg zur Unabhängigkeit – Berufliche Tätigkeit im Buchhandel in Tübingen und Basel (1895–1903)

### 1. Buchhändlerlehre und Sortimentsgehilfentätigkeit bei Heckenhauer in Tübingen (1895–1899)

Die neue Tätigkeit bei der Buchhandlung Heckenhauer in Tübingen war für Hesse interessanter als die eintönige Arbeit in der mechanischen Werkstätte in Calw, weil sie ein Weg zur Realisierung seiner Zukunftspläne sein konnte. Um Dichter zu werden, mußte er einen Beruf haben, der ihn finanziell von den Eltern unabhängig machte. Da er täglich elf Stunden arbeitete, hatte er wenig Zeit für sich und mußte seine Privatlektüre einschränken.[1] Sonntags spielte er gern einen Choral und las ein Kapitel in der Bibel, besonders dem Alten Testament, konnte sich aber nicht dazu überwinden, in die Kirche zu gehen. »Der Gottesdienst macht mir immer den etwas peinlichen Eindruck eines Erzwungenen, Berechneten, dem ich ein stilles, einfaches Nachdenken weit vorziehe, besonders da das musikalische und liturgische Stückwerk mehr zerstreut, als zusammenhält.«[2] Dagegen fühlte er sich bei einigen katholischen Gottesdiensten als Kunstliebhaber viel mehr angesprochen, »[. . .] weil alles einheitlich, ja fast künstlerisch komponiert war, alles als müßte es so sein.«[3]

Da Hesse an der offiziellen Kirche, ganz besonders der protestantischen, so viel zu bemängeln hatte, war er kein regelmäßiger Kirchenbesucher und zog die Andacht im Stillen vor. Mit Interesse las er auch wieder die Bibel, nachdem er sie nach seiner Maulbronner Krise jahrelang abgelehnt hatte: »Soweit wenigstens haben sich meine Ansichten geändert, daß ich die Bibel wieder verehre und liebe und lese, daß ich staunend und ehrfurchtsvoll diese großen, schlichten Worte anschaue wie ein altes Urgebirg, und mir daneben unsäglich winzig und ärmlich vorkomme. Die poetischen Stellen freilich schätze ich am höchsten und lese wieder und wieder Kapitel wie das letzte im Prediger: – ›Wenn der Mandelbaum blühet und alle Lust vergehet – denn der Mensch fähret dahin und die Klageleute

---

[1] K.J. II, S. 19, 23 u. 30.
[2] Brief an die Eltern vom 23. bis 27. Oktober 1895. K.J. II, S. 27.
[3] K.J. II, S. 27.

gehen umher auf der Gasse.‹ Nichts hat mir jemals so ans Herz gegriffen wie diese Worte. Dieses Ewige, Ergreifende finde ich in den Evangelien wieder, nur verjüngt und verklärt, wie mit Sonnenlicht übergossen; aber schon in der Apostelgeschichte verklingt mir allmählich der unbeschreibliche, mahnende Ton, und in den Paulusbriefen finde ich nichts mehr, was mich so faßt und erschüttert; auch die wenigen schwungvollen Stellen wie das Liebe-Kapitel im Korintherbrief erinnern mich, so gern ich sie lese, weniger ans alte Gotteswort, als vielmehr an die Rhetorik klassischer Redner, bei denen Paulus gelernt hat: Das Herzliche, Junge ist da, aber es wird weislich benutzt, nach rhetorischen Regeln gesteigert u.s.f.«[4]

Der Vater, ermutigt von diesem Brief, schrieb Hesse, daß er beim Bibellesen ähnliche Erfahrungen gemacht habe und zu verschiedenen Zeiten seines Lebens von verschiedenen Teilen der Bibel besonders ergriffen oder erbaut worden sei.[5] Nicht Kritik, sondern Verständnis und liebevolles Entgegenkommen ist der neue Ton zwischen Vater und Sohn. Sicherlich ist Hesses Ziel, inmitten einer gefallenen und unvollkommenen Welt sich das Auge »für's Wahre und Edle« zu bewahren, auch von seinem Studium der Bibel, wenn auch nicht ausschließlich, aber doch in gewisser Hinsicht, geprägt. Als angehender Dichter konnte er diese Erkenntnis mit der Realität des akademischen Lebens in Tübingen, das er als Außenseiter mit gemischten Gefühlen verfolgte, nicht vereinbaren, weil es wie alles Irdische unvollkommen war.[6]

Auch das Verhältnis zur Mutter, die schon zwei Jahre an schmerzvoller Knochenerweichung litt, wurde wieder besser. Bekümmert und besorgt schrieb er in einem Brief vom 11./13. Januar an die Eltern: »Jeden Abend, wenn ich im Bette liege, muß ich an die Mama denken und beten, daß sie schlafen könne und bessere Zeiten habe. Die Bilder der Eltern stehen vor mir auf meinem Stehpult und erinnern mich abends an Euch, an die Andacht, in der auch für die auswärtigen Kinder gebetet wird und mir tut all das viele Unrecht, das ich Euch getan, namenlos leid.«[7] Hesses Wunsch erfüllte sich, und Marie Hesse wurde von dem Altpietisten Elias Schrenk, der früher im Dienst der Basler Mission gestanden hatte und vom 4. bis 16. Januar als Gast bei ihnen war, am 12. und 14. Januar durch Handauf-

---

[4] K.J. II, S. 28.
[5] Brief an Hesse vom 29. Oktober 1895. K.J. II, S. 29.
[6] Brief an die Eltern vom 27. November 1895. K.J. II, S. 38.
[7] K.J. II, S. 55–56.

legung geheilt.[8] Hesse, tief bewegt über diese Heilung, gab Gott die Ehre: »Der Herr hat Großes an uns getan, des sind wir fröhlich. In mir ist ein Frühling aufgegangen, seit ich Deinen Brief gelesen. Ich kam so bekümmert heim, und nun ist alles voll Licht geworden.«[9] Überwältigt von Gottes Macht und Gnade fuhr er fort: »Mein Herz ist unruhig heute abend und ich finde nicht Worte. Gott helfe weiter, heute und immerdar, bis uns allen die große, ewige Heilung wird. Leb' wohl, liebe Mutter, der ich nie so ganz angehört, wie heute; mir ist, als sollt' ich jetzt wieder ein Kind werden, da der liebe Sonnenschein in's Haus gefallen ist.«[10] Selten stand Hesse Gott und seiner Mutter innerlich so nahe wie in diesem Bekenntnis der Gottes- und Mutterliebe, weil ihm vorher das »Kind sein« und das »Kind werden« so große Schwierigkeiten bereitet hatte. Auch er hoffte jetzt auf die »große, ewige Heilung«, die nur Gott schenken konnte.

Vom oberflächlichen literarischen Leben und Gehetze seiner Zeit enttäuscht, befaßte er sich immer noch mit der Auswanderung nach Brasilien: »Die Sehnsucht nach einem gesunden Dasein, nach einer schlichten Kultur, nach wahrem Leben, nach Brasilien, schläft bei mir nimmer, den Röntgenschen Strahlen entflöhe ich gerne, gern der Halbwissenschaft, die Knospen gewaltsam öffnen will, der Literatur ohne Gesetze, der Kunst ohne Ästhetik, es zieht mich nach Westen wie die tagmüde Sonne, und ich würde dort wie die Sonne neuen, roten Glanz gewinnen, wenn der Ozean den Firnis und Staub von meiner Seele gewaschen hätte. Das lebendigste Herz wird in diesem hastigen, gereizten, übersättigten Leben vor der Zeit alt und weltmüde. [...] Mein tägliches Gebet ist, daß ich meine eig'ne, innere Welt mir wahren, daß ich nicht verkümmern, daß das süße Gift, das ich Tausend schlürfen sehe, nicht auch mich verzehren möge.«[11] Für Hesse, dem die Entwertung des menschlichen Lebens und der Kultur viel zu schaffen machte, wäre so ein Schritt eine Erlösung von Mittelmäßigkeit und damit verbundener Problematik zur Freiheit und Größe: ... »Sie [Dr. Kapff] sehen aber auch, daß ich eines Lebens in unsren Verhältnissen müde bin und mit rauschendem Flü-

---

[8] Brief an Hesse und Marulla vom 16. Januar. K.J. II, 58–59. Siehe auch Adele Gundert. *Marie Hesse: Ein Lebensbild in Briefen und Tagebüchern*, Stuttgart: D. Gundert Verlag, 1934, S. 265–266.
[9] Brief an Marie Hesse vom 17. Januar 1896. K.J. II, S. 59–60.
[10] K.J. II, S. 60.
[11] Brief an Dr. Ernst Kapff vom 7. Februar 1896. K.J. II, S. 67.

gelschlag nach Besserem, nach Sonne und Bergluft strebe, hinaus aus den Tälern der Vereinsabende, der Fabriken, der Agrariernot, der Zola-Romane, der Enzyklopädien, der Reimlexika, der Kleinheit und Gemeinheit. Die Pläne, Gedanken, Perspektiven sind immer weiter und größer, die Menschen selber immer kleiner geworden, sie sind überfüttert mit Emanzipationsidealen, Populärphilosophen, mit Caviar- und Reclamliteratur, man ist gewöhnt, mit den Sternen zu spielen, große und größte Gedanken als Dessert zu genießen, alles ist entwertet, die Kunst, das Wissen, die Leistung, nicht zum mindesten auch die Sprache, was immer ein Symptom der Fäulnis ist.«[12] Hesse, dem Goethe das große Vorbild in der Kunst war, lehnte die Sprache moderner Literaten wie Voss und Jensen als »absurd und albern« ab, weil sie in ihrem Werk statt Worte wie »schön«, »licht«, »rein«, »schlecht«, »böse«, »häßlich« usw. dem Massengeschmack zuliebe fast ausschließlich »dämonisch«, »phänomenal«, »frappant«, »hochgenial«, »wildschön«, »wahnsinnig verliebt«, »zauberschön«, »scheußlich« usw. benutzten.[13]

Hier sieht man, daß Hesse sich nie nach dem Allgemeingeschmack richtete, sondern allein nach dem, was er als Größe, Ideal und Wahrheit empfand. Auch in bezug auf sein Verhältnis zum Christentum wird dies immer wieder bestätigt. Wie sehr er sich damals mit Christus beschäftigte, wird in dem Lied »Jesus am Kreuze«, das er zusammen mit einem Brief am 16. Februar 1896 an seinen Vater schickte, deutlich: »[H]ier ist das Lied! Nimm es wohl auf, es sagt wenigstens, daß ich an Golgatha nimmer vorbeigehen kann – [...].«[14] Hesses Betonung der göttlichen und menschlichen Natur Jesu in diesem Lied, in dem er Jesus sowohl »Ecco homo!« als auch »Ecco deus!« nennt, wird von seinem Vater als Fortschritt im Glauben bewertet.[15] Vier Tage später erhielt er einen Brief von Elias Schrenk, in dem er ihn zu seiner Bekehrung aufforderte: »Was hast Du also zu tun? Du hast Dich dem Heiland einfach zu übergeben mit Leib und Seele; gerade wie Du bist. Er hat Dich erkauft mit Seinem Blute, Du gehörst Ihm. Sage ein herzliches, glückliches Amen dazu und danke

---

[12] K.J. II, S. 69.
[13] K.J. II, S. 65–70. Hesse entschuldigt sich bei Dr. Kapff und bittet ihn um Verständnis, daß es ihm in diesem Brief nicht möglich war, das einzelne klar auszuführen.
[14] Brief an Johannes Hesse vom 16. 2. 1896. K.J. II, S. 72. Siehe auch Anmerkungen Nr. 12 u. 13, S. 561–563 u. die Antwort des Vaters vom 19. 2. 1896, S. 73–74.
[15] Brief an Hermann Hesse vom 19. 2. 1896. K.J. II, S. 73–74. Der Text des Gedichtes *Jesus am Kreuze* ist abgedruckt in Anm. 13, S. 562–563.

Ihm.«[16] Hesse, etwas befremdet über die Einmischung eines Dritten in persönliche Glaubensfragen, schrieb am 27. Februar an seine Eltern: »Wie ich zur Bibel stehe, daß ich sie mehr lese und liebe als jedes andre Buch, auch als Goethe, wißt Ihr; es mag Euch schmerzlich sein, daß unsre Gottesdienste mich nicht fesseln, daß ich nicht zum Abendmahl gehe, überhaupt lieber im eignen Zimmer und Herzen mich erbaue als mit tausend anderen, und vielleicht wird sich mein Empfinden auch hierin noch wesentlich ändern, aber daß dies durch eine Absicht Dritter in plötzlicher Weise geschehe, widerstrebt im Innersten meiner ganzen Eigenart.«[17] Hesse machte es hier wieder deutlich, daß sein Verhältnis zum christlichen Glauben ein persönliches und kein öffentliches war. Er suchte seine Erbauung nicht in der Kirchengemeinschaft, die seinen hohen geistigen und geistlichen Ansprüchen nicht genügte, sondern im intensiven Bibelstudium. Die Frage der Bekehrung läßt er noch offen, weil er jetzt noch nicht reif dazu ist und von anderen nicht dazu gezwungen werden möchte. Es hat aber den Anschein, daß das Wort Gottes jetzt immer mehr die zentrale Rolle in seinem Leben spielt.

Sieben Monate später berichtete Hesse in einem Brief an seine Eltern von einem religiösen Erlebnis während eines Aufenthalts in Freudenstadt: »An einem Abend, dem letzten in Freudenstadt, da ich mit Pfarrer Strauß und dem lieben Herrn Huppenbauer spazierenging, da schien mir eine Türe aufzugehen, da hörte ich ihn vorübergehen, den ich suche, und ich lag die lange Nacht wach und betend, er möge bei mir bleiben, er möge mir alles nehmen für die Gewißheit, daß er mir helfen wolle. Und diese Nacht kam wieder, und wieder – und jetzt bin ich oft leer wie ein ausgeschöpfter Brunnen, und nur ärmer geworden.«[18] Obwohl Hesse den »ihn« in »da hörte ich ihn vorübergehen, den ich suche« nicht identifiziert, deutet dieses Erlebnis auf eine Begegnung mit Jesus, den er »die lange Nacht wach und betend« um Hilfe bittet. Er suchte Jesus, weil er wußte, daß ihn seine Götter, »mein eigenes Lebensideal, meine Poesie, mein bißchen Goethekult«, weder retten noch über das Grab hinaus begleiten konnten.[19] Doch die Begegnung mit Jesus, die sich mehr-

---

[16] K.J. II, S. 77–78.
[17] K.J. II, S. 79.
[18] Brief vom 13.–19. September 1896. K.J. II, S. 139. Über Hesses Aufenthalt in Freudenstadt siehe auch seine beiden Briefe vom 29. Mai 1896 an seine Eltern und Anm. 2. K.J. II, S. 107–109.
[19] K.J. II, S. 139.

mals wiederholte, brachte ihm aus unerklärlichen Gründen nicht den ersehnten Frieden, sondern nur eine erschöpfende innere Leere und Armut. Vielleicht hinderte ihn der schon seit der Kindheit stark ausgeprägte Eigensinn an einer reuigen Buße, die alles Eigene in der Gegenwart Jesu kompromißlos aufgibt. Nach diesen tiefen und sein Inneres erschütternden Erlebnissen erläutert er die Bedeutung der Poesie und des christlichen Glaubens in seinem Leben: »Ich suche wieder die Sterne meiner bisherigen Ideale und will wieder versuchen, durch den poetischen Pantheismus zum Geheimnis des Friedens und der Gesundheit zu dringen. Mir ist wieder, als seien meine Augen mehr dazu geeignet, in den Offenbarungen der Dichter als der Bibel zu lesen. Aber ich weiß jetzt, wenn auch mir keine Offenbarung ward, ich weiß doch, daß der Christenglaube keine Form und kein Gleichnis, sondern eine starke, lebende Kraft ist, und daß keine andere Macht eine solche heilige Gemeinschaft und Liebe zu schaffen und zu erhalten vermag.«[20]

Die Erkenntnis, daß der christliche Glaube »eine starke, lebende Kraft« ist, bedeutete doch Fortschritt im Denken Hesses, obwohl er einen persönlichen Gott noch nicht gefunden hatte.[21] Im Februar 1897 schrieb Hesse an seinen Jugendfreund Eberhard Goes: »Du weißt und glaubst mir, daß ich nicht ›gottlos‹ bin, sondern einen *Gott habe*, der nicht tot und nicht mein eignes Machwerk ist. Ich denke, das ist Dir unerklärlich und auch nicht allzu störend, daß ich die Scheu vor vielen Mitwissern auch in meinem Gottesglauben und -dienst mitbringe. Ich gehe fast nie zur Kirche, wenn auch nicht aus Prinzip, und noch weniger locken mich die Stuben und Betpulte der Pietisten. Aber ich kann Dir ins Gesicht sehen, wenn Du nach meinem Gott fragst. Daß sich für mich, den Tag- und Lärm- und Politikscheuen, eine etwas absondre Lebensethik gebildet hat und noch bildet, wirst Du verstehen.«[22] Hesse bekennt sich hier zu einem persönlichen Gott, vermutlich dem Gott der Bibel, weil er nicht sein »eignes Machwerk« ist und deshalb dem »poetischen Pantheismus« nicht angehören kann. Die Frage, ob er seinen persönlichen Gott durch Jesus oder anderweitig gefunden hat, wird aber nicht erklärt. Die Formulierung seiner »Lebensethik« ist in dieser Phase aber noch nicht abgeschlossen.

In einem Brief vom 24. Mai 1897 an seinen Stiefbruder Karl Isen-

---

[20] K.J. II, S. 139.
[21] K.J. II, S. 139.
[22] K.J. II, S. 167. Der Brief von Goes ist bis heute unauffindbar.

berg drückt sich Hesse etwas deutlicher aus: »Heute wollte ich nur sagen, daß ich schließlich zu der Überzeugung gekommen bin, daß jeder – die ›Seelenlosen‹ ausgenommen, die überhaupt zum Glück unfähig sind – daß jeder, sein Bekenntnis sei irgend welches, erst glücklich und reif sein kann, wenn er von seinen Göttern zu seinem Gotte gekommen ist, wenn er auf irgendeine Art *beten* gelernt hat. Ohne diese Führung mit dem Ewigen, der Wahrheit, der Unwandelbarkeit, bleibt das Leben ein sinnloses, ordnungsloses, buntes Bild. Es gewinnt erst durch jene ›Fühlung‹ Sinn und Ordnung und Beziehungen, indem es ein Bild und Gleichnis *der* Welt, *des* Zustandes wird, die wir alle in sehnsüchtigen Träumen gesehen haben und für welche kein Dichter oder Weiser Worte zu finden vermag. Freilich, ehe diese große Hoffnung und Sehnsucht erreicht ist, müssen viele Jugendgötter verlassen, viele kecke Ideale zerbrochen werden.«[23] Hesse betont hier, daß erst ein persönliches Verhältnis zu Gott dem Leben einen Sinn geben kann und nicht das Verharren in »Jugendgöttern« und »kecken Idealen«. Diese Beziehung, die von der Traumwelt her bekannt und deshalb unmittelbar ist, ist für ihn viel wichtiger als das Bekenntnis. Das persönliche Erlebnis scheint hier mehr als das Dogma zu gelten. Aus diesem Grund ist »sein Gott« hier eher ein überkonfessioneller als ein konfessioneller Gott. In einem späteren Schreiben an seinen Stiefbruder vom 12. und 13. Juni bekennt Hesse: »Meine ›Centrale‹ habe ich im Glauben an das Schöne gefunden, der mit dem Glauben an die Kunst annähernd zusammenfällt [...]. Mir ist diese meine ›Centrale‹ aus einem interessanten Ding und einem Spielzeug infolge innerer Erfahrungen zu einer Religion geworden, über die Du, Akademiker und Lehrer, als (über) eine unwissenschaftliche Schöngeisterei lächeln magst. Diese Religion ist aber reich an Trost, reich an Lebensfülle, an Geheimnissen und Offenbarungen. Ich weiß jetzt erst, was Religion ist, und seither bin ich gegen allen ›Glauben‹ unglaublich milde geworden, denn ich selber glaube entschieden, jetzt auf einer höheren Lebensstufe zu stehen.«[24] Es scheint, daß die Ästhetik und die Kunst den christlichen Glauben im Leben Hesses wieder verdrängt haben, und daß die »höhere Lebensstufe« auf eine überkonfessionelle Selbsterlösung deutet.

Hesse beschäftigte sich in der Tat immer mehr mit der Dichtkunst, beendete seine Buchhändlerlehre am 30. September 1898

---

[23] K.J. II, S. 181.
[24] K.J. II, S. 189–190.

und blieb dann ab dem 1. Oktober als Sortimentsgehilfe bei Hekkenhauer. Ab Juni desselben Jahres hatte er sich intensiv mit den Romantikern befaßt und bereitete *Die Romantischen Lieder*, sein erstes Werk, zum Druck vor. Sie wurden im November bei Pierson in Dresden veröffentlicht. Nachdem Hesse seiner Mutter eine Kopie zum Geburtstag geschickt hatte, schrieb sie etwas enttäuscht: »Die Form und Sprache gelingt Dir fein – nur möchte ich Dir für Deine Dichtung höheren Inhalt wünschen. Du nimmsts nicht übel, verstehst mich. Einige Gedichte, die Du sonst gemacht, hätte ich lieber drin gefunden als 2–3, die Du aufgenommen und die mir weh tun, weil sie Verdacht wecken, als sei die Liebe nicht immer keusch und rein. Als Mutter darf ich so offen sprechen, nicht wahr? Das eine heißt ›Weil ich dich liebe‹, das andre ›Ich weiß, – du gehst‹. Du bist noch so jung, daß dergleichen Töne Dir fremd sein sollten, sie bringen einen Mißton. ›Villalilla‹ – sonst so schön – mutet mich auch so an: die Kunst muß rein und durchaus edel sein; Gott hat Dir Talent gegeben, wenn Du einmal Ihn gefunden hast und Ihm diese schöne Gabe weihst, dann erst wird Dein altes Mutterle über Dir [sic] glückselig sein, einstweilen bete ich für mein ›Königskind‹, daß es seinen wahrhaft königlichen Beruf und sein reiches königliches Erbe bekomme.«[25] Für Hesses Mutter, die ihr Leben ganz in den Dienst des Herrn gestellt hatte, gab es keinen Kompromiß mit weltlichen Idealen, auch nicht in bezug auf die Kunst. Dies wurde noch deutlicher, als Hesse seinem Vater ein Vorausexemplar seines neuen Werkes *Stunde hinter Mitternacht* zu dessen Geburtstag am 14. Juni 1899 geschickt hatte. Die Mutter, die sich das Buch zuerst angesehen hatte, weil ihr Mann krank war und im Bett liegen mußte, war so empört über den Inhalt, daß sie nachts nicht schlafen konnte und am 15. Juni gleich zwei Briefe an Hesse sandte. Im ersten mahnte sie ihn: »Die ›Fiebermuse‹ meide als eine Schlange, sie ist dieselbe, die ins Paradies schlich und noch heute jedes Liebes- und Poesie-Paradies gründlich vergiften möchte. Von ihr sprach Gott zu Kain: ›Laß du ihr nicht den Willen!‹ O mein Kind, fliehe sie, hasse sie, sie ist unrein und hat kein Anrecht auf Dich, denn Du bist Gottes Eigentum, Ihm in der Taufe und schon lange vorher von Deinen Eltern ans Herz gelegt. Bete um ›große Gedanken und ein reines Herz‹. Mag die Form noch so schön sein – der edle Inhalt fehlt noch sehr. Halte Dich keusch! Was vom Menschen ausgeht, vom Munde und noch mehr

---

[25] Brief vom 1. Dezember 1898. K.J. II, S. 304–305.

von der Feder, das verunreinigt ihn – hast Du daran gedacht? ›Des Königs Fest‹ ist schlechte Lektüre.«[26] Für Marie Hesse stand auch die Literatur im Dienst der Reichgottesarbeit und durfte nicht als Instrument der Selbstverherrlichung des Menschen dienen. Ihr Gott war der Gott der Bibel, der alle Phasen des menschlichen Lebens bestimmte und durchleuchtete, und nicht der *Gott* der Kunst, dem Hesse jetzt alles zu opfern schien. Aus ihrer Sicht war diese Entwicklung sehr gefährlich, weil sie in eine verführerische Umwertung der Werte führen kann: »Es gibt eine Welt der Lüge, wo das Niedre, Tierische, Unreine für schön gilt. Es gibt ein Reich der Wahrheit, der Gerechtigkeit, des Friedens, das uns die Sünde als Sünde zeigt und hassen lehrt und uns einführt zur göttlichen Freiheit. Zu Hohem, Ewigem, Herrlichem ist der Mensch berufen – will er Staub lecken? Herzenskind, Gott helfe Dir und segne Dich und rette Dich heraus!«[27] Für die Mutter geht es jetzt nicht nur um das Seelenheil ihres Sohnes, sondern auch um die Wirkung seiner Dichtkunst auf die Öffentlichkeit. Als Gotteskind muß sie sich dazu äußern.

Im zweiten Brief ist sie in ihrer Kritik noch schärfer: »Einige Sätze sind so unanständig, daß kein Mädchen sie je lesen sollte, so redet man von Tieren, nicht von Menschen (S. 48). Überhaupt ist das Reden von Dingen, deren man sich doch in der Öffentlichkeit überhaupt schämt, einfach nicht erlaubt. Denkst Du, das sei Unverstand, Mangel an Geistesfreiheit, so erinnere Dich an Goethes Wort: ›Alles was unsern Geist befreit, ohne uns die Herrschaft über uns selbst zu geben, ist *verderblich*.‹«[28] Sie wollte damit ihrem Sohn klarmachen, daß der Dichter die Wirkung seines Werkes auf die Öffentlichkeit in Betracht ziehen muß. Während sie »Das Fest des Königs« und »Gespräche mit dem Stummen« kritisierte, lobte sie aber den »Inseltraum« und den »Traum vom Ährenfeld«. Ihr größter Wunsch wäre natürlich die Wiedergeburt ihres Sohnes, weil er dann nicht mehr am Vergangenen hängen würde.[29]

Die heftige Kritik der Mutter und somit auch des Vaters basiert auf der pietistischen Lebensweise, die alle Lebensbereiche berührt. Heta Baaten bemerkt: »Aufs ganze gesehen, kommt das Kernstück des christlichen Glaubens, die Erlösung durch Jesus Christus, bei

---

[26] K.J. II, S. 357–358. »Des Königs Fest« bezieht sich auf das erste Kapitel in *Eine Stunde hinter Mitternacht*.
[27] K.J. II, S. 358.
[28] K.J. II, S. 359.
[29] K.J. II, S. 359.

diesen Pietisten zu seinem vollen Recht. Es ist Anfang und Ende ihres Denkens. Es sollte die erfüllende Mitte sein. Die Lehre von der Erlösung steht nicht umsonst in der Mitte des Credo – vor dem zweiten Artikel aber steht der erste, von der Schöpfung, und nach dem zweiten Artikel steht der dritte, von der Kirche. Christus ist die Mitte. Der erste Artikel von der Schöpfung, und der dritte Artikel, von der Kirche, kommen in der Theologie des Pietismus zu kurz.

Man lebt durchweg in Abgeschlossenheit gegen alle geistige und gesellschaftliche Kultur, praktisch verdächtigt man alles, was nicht ausschließlich erbaulich-missionarisches Gepräge trägt, als ›weltlich‹, d.h. als sündig, als für den Christen (Pietisten) verboten, mindestens gefährlich. Ängstlich und eng schließt man sich ab und beraubt sich damit eines großen und schönen Teils der gottgeschaffenen Wirklichkeit. Man verkennt den Reichtum der Schöpfung Gottes, man vergewaltigt die blühende, schöne Sinnlichkeit der menschlichen Natur; alles, was aus den Sinnen kommt und die Sinne meint, wird auf ein Minimum beschnitten; so wird das ganze Gebiet der Kunst (Malerei, Musik, Dichtung) ausgeschaltet; mindestens von vornherein schwer verdächtigt. Ebenso aber verdächtigt man den Intellekt, alle Wissenschaft, systematische Theologie sowohl als spekulative Philosophie wird abgelehnt. Zu begreifen ist dieser Protest zum Teil aus dem leidenschaftlichen Kampf gegen die rationalistische Wissenschaft, – aber damit ist bei weitem nicht alles erklärt. Die Verdächtigung der ratio, die Verdächtigung der Wissenschaft, ist radikaler. Man tritt für ein ›biblisches Christentum‹ ein, für ein praktisch gelebtes christliches Leben. Das Ethische hat den stärksten Ton, das Moralische ist beinah in die Mitte gerückt. Die Sittlichkeit ist freilich nicht verabsolutiert und ist nicht autonom gemacht, denn die Offenbarung Gottes behält ihre zentrale Stelle, man lebt von der Gnade Gottes in Christus, und man wartet auf das völlige Kommen der Königsherrschaft Gottes. Aber dem Willen ist dabei eine Stelle eingeräumt, die er von Natur nicht hat; der Schöpfungsordnung gemäß ist der Mensch nicht bloß Wille, sondern er hat außer dem Willen auch seine Sinne und seinen Verstand. Es ist eine verhängnisvolle Verkürzung der schöpfungsmäßig uns geschenkten Möglichkeiten, daß man im Pietismus die weiten Bereiche des natürlich-menschlichen und des geistig-kulturellen Lebens für sich absperrt, und alles, was außerhalb der Pietistenkreise sich davon findet, (sofern man es überhaupt gewahr wird), mit negativem Vorzeichen versieht. Es ist eine deutliche Einschrumpfung des Lebens und des Glaubens, denn der ganze Inhalt des ersten Artikels des christlichen Glaubensbekenntnisses ist beinahe völlig aus dem Bewußtsein geschwunden.«[30]

Hesse, zutiefst enttäuscht über die Aussagen der Mutter, teilte ihr am 16. Juni mit, daß er »einen herben Brief« an sie geschrieben hätte, ohne ihn aber abzuschicken, und daß er ihren Brief nie beantworten würde.[31] Am 4. Juni 1920 schrieb er seiner Schwester Marulla, wie stark er unter dem Urteil der Mutter litt: »[...] Dein Brief hat mich in vielem sehr an unsre Mutter erinnert. Was war sie für ein prächtiger Mensch! Es ist schade – für mich war eines der deprimierendsten und schädlichsten Erlebnisse der Jünglingsjahre ein Brief von ihr, in dem sie meine ersten Dichtungen mit Prüderie und Moralpredigt besprach. Wenn sie den ›Klein und Wagner‹ hätte lesen müssen, und wissen, daß jenes Moralisieren damals mich auf meinen Weg getrieben hat! Aber das muß sie zum Glück nicht, und ihr liebes Bild ist doch das Beste, was mir im Leben je gehörte [...].«[32] Als die Mutter erfuhr, wie sehr ihr negatives Urteil ihren Sohn getroffen hatte, versprach sie ihm, nie wieder davon zu sprechen.[33] Doch die innere Kluft zwischen den beiden war damit nicht beseitigt. Am 25. Juni schrieb Hesse seinen Eltern, daß er zum 1. August bei Heckenhauer gekündigt habe, falls sich dort ein passender Nachfolger finden ließe, und daß er auf den 1. Oktober eine neue Stelle suchen wollte.[34] Mit der Kündigung klappte es, und anderthalb Monate später trat er eine neue Stelle als Sortimentsgehilfe in der Reich'schen Buchhandlung in Basel an. Während der Tübinger Zeit war Hesse selbständiger geworden und hatte auch sein Ziel, Dichter zu werden, immer mehr verwirklicht. In bezug auf Glaubensfragen gab es weniger Konfrontation mit den Eltern als früher, aber auch keine zufriedenstellende Klärung der unterschiedlichen Glaubensauffassungen.

---

[30] H.B., S. 37–38.
[31] K.J. II, S. 360.
[32] K.J. II, S. 360, Anm. 1. Siehe auch *Hermann Hesse. Gesammelte Briefe*, 4 Bde., in Zusammenarbeit mit Heiner Hesse hrsg. von Volker und Ursula Michels, Frankfurt a.M.: Suhrkamp, 1973–1985. Bd. I (1895–1921), Bd. II (1922–35), Bd. III (1936–48), Bd. IV (1949–62). Bd. I, S. 453–454. (Im folgenden zitiert als G.B. mit Angabe von Band und Seitenzahl.) Hesse schrieb die Erzählung *Klein und Wagner* 1919.
[33] K.J. II, S. 362. Die Mutter bedankt sich auch, daß Hesse den »herben« Brief nicht abgeschickt hat. Dieser begann ohne Anrede mit der Bemerkung: »Danke schön für die Geburtstagsgudel, obgleich sie für den Magen etwa dasselbe sind wie mein gottloses Buch für den Geist.« K.J. II, S. 361.
[34] K.J. II, S. 364.

## 2. Sortimentsgehilfe in der Reichschen Buchhandlung in Basel (1899–1901)

Hesse gefiel es in seiner neuen Stelle, er besuchte den Gottesdienst in einer französischen Kirche und verkehrte im Hause des Historikers und Stadtarchivars Dr. Rudolf Wackernagel, den er »sehr lieb und interessant« fand.[35] Durch ihn lernte er auch den Kunsthistoriker Heinrich Wölfflin, den Philosophen Karl Joel, den Historiker Johannes Haller und den Theologen Alfred Bertholet kennen. Außerdem besuchte er den Philologen Dr. Jakob Wackernagel öfters. Hesse kam jetzt mehr unter die Menschen und war nicht mehr so isoliert wie in Tübingen. Auch sein innerer Zustand hatte sich etwas gebessert. Am 24. Dezember 1899 schrieb er seinen Eltern: »Ich saß den ganzen Nachmittag und dachte an alle die vielen heimatlichen Christabende. [...] Ich habe mir eben ein paar Weihnachtslieder gegeigt und habe noch ein ganz stilles Dämmerstündchen, um Euch nochmals zu grüßen und Euch zu sagen, daß ich das Fest im Herzen mit Euch feire und Euch heute besonders nahe bin. Auch muß ich mit Dankbarkeit und Beschämung an alle Calwer Christabende denken, und an alles andre, was Ihr für mich getan habt. Vergebt mir alles Widerwärtige! Ich freue mich heute trotz des Heimwehs und Einsamseins, daß ich allmählich doch vorwärtsgekommen und innerlich stiller und gesünder bin als alle die letzten Jahre.«[36] Die Antwort der Eltern am Weihnachtstag war natürlich sehr positiv. Der Vater schrieb hocherfreut:»[...] wir haben gespürt, daß wir auch innerlich einander nahe sind. [...] Und den Vorsatz, den ich da gefaßt *(nämlich den Kindern Briefe zu schreiben)*, Dir gegenüber wenigstens will ich ihn heute ausführen, nachdem Du uns so erfreut durch Deine Briefe und Bücher und nicht zum wenigsten durch Deine Plauderei in der Allg[emeinen] Schw[eizer] Ztg.«[37] Für die Mutter war die gute Nachricht natürlich auch eine große Erleichterung: »Ich danke Gott von ganzem Herzen, mein herzliebes Kind, daß es Dir so ordentlich geht und daß du froh und zufrieden bist. O das ist mir solch ein Trost, solche Freude. Wir denken viel an Dich und freuen

---

[35] Siehe Hesses Briefe an seine Eltern vom 17. 9. und 24. 9. 1899. K.J. II, S. 383–384 u. 386–387.
[36] K.J. II, S. 427.
[37] K.J. II, S. 428.

uns, daß Du teilnehmende, wohlwollende Freunde hast, die Dir so freundlich entgegenkommen.«[38]

Aber schon drei Monate später war die Mutter wieder sehr besorgt um ihren Sohn: »Seit Du mit Herrn Jennen zusammenwohnst, kommen wir zu kurz, Du schriebst früher viel mehr an uns. Je weniger Du schreibst, desto mehr beschäftigst Du mich in schlaflosen Nächten, desto mehr muß ich für Dich bitten und doch unwillkürlich auch mich sorgen. Liebes Kind! O strebe nach wahrhaft Gutem und Hohem und fliehe die Sünde! Die Welt liegt im Argen, die Versuchung zum Bösen ist mächtig: da muß ein *ganzer Wille* da sein, sich nicht hinabziehen zu lassen und ein Schreien zu Gott um Kraft zum Sieg. Den Demütigen hilft Er, den Aufrichtigen läßt Er's gelingen, aber mit Hochmut und unlauterm Schwanken kommt man zu Fall.«[39] Hesse war natürlich enttäuscht vom Brief der Mutter und erklärte ihr, daß er nur wenig Umgang mit Jennen, einem großen Künstler und netten Menschen, gehabt habe, und daß er Ende März von ihm wegziehe. Auf ihre sonstigen Bedenken hatte er aber keine Antwort: »Jeder hat seine schwarzen Flecken, die ihn plagen und an denen er in schlaflosen Nächten reibt, und das tun unfromme Menschen nicht seltener als fromme, sie tun es vielleicht sogar herber und mit größerem Schmerz. Übrigens bin ich mit Glockentönen nicht zu rühren, man wird in Basel bald kühl dagegen. Hier, wo das Frommsein zum guten Ton gehört, werden einem die gewohnten Formen dieses Frommseins oft zu viel. Mit all dem will ich weder eine Frivolität sagen noch mich oberflächlich herausreden. Aber ich möchte, wie früher wiederholt, Euch ehrlich sagen, daß bei all meiner Hochschätzung des Glaubens jeder Art mir doch ein gewisser religiöser Duft – nicht zuwider, aber fremd und unverständlich ist, und daß ich nach dieser Seite hin weder Neigung noch Verantwortlichkeit spüre.«[40]

Was Hesse mit »einem gewissen religiösen Duft« meint, erhellt er in einem Brief an seine Schwester Adele im Frühling 1926: »Danke für Deinen Brief und Deine Karte, die heute früh kam. Ja, jetzt sind's richtig schon zehn Jahre seit Vaters Tod [...]. In Deinem Brief

---

[38] K.J. II, S. 429.
[39] Brief vom 9. März 1900. K.J. II, S. 453–454. Hesse war am 16. Oktober 1899 in eine neue Wohnung umgezogen. Die drei Zimmer neben ihm wurden von zwei Architekten bewohnt. Einer davon war Heinrich Jennen, ein Architekt aus dem Rheinland. K.J. II, S. 394–398.
[40] K.J. II, S. 454–455.

schreibst Du über die Tage von Papas Begräbnis ›es war doch nicht bloß eine wunderbare Stimmung drin, sondern Kraft‹. Ja, sieh, Adele, da kann ich nicht mit, bei so feinen Unterscheidungen, und es erinnert mich ein klein wenig an unsre Eltern. Da kam es oft vor, daß Papa oder Mama über ein Gedicht oder eine Musik sehr anerkennend sprachen, mit einem etwas verräterischen Lächeln, dann aber stets hinzufügten, daß das alles natürlich ›nur‹ Stimmung, *nur* schön, *nur* Kunst sei, und im Grund halt doch lang nicht so hoch stehe, wie Moral, Charakter, Wille, Ethik usw. Diese Lehre hat mein Leben verdorben, und ich kehre nicht zu ihr zurück, auch nicht in der lieben sanften Form Deines Briefes. Nein, wenn unser Erlebnis bei Papas Tod eine wunderbare ›Stimmung‹ war, so will ich kein ›nur‹ dahinsetzen, sondern diese Stimmung dankbar hinnehmen als ein Erlebnis.«[41] Diese unterschiedliche Einstellung der Eltern und Hesses zu christlichen Glaubensforderungen und den Gesetzen der Kunst und der Ästhetik konnte nicht überbrückt werden, weil das Interesse und Lebensideal der beiden so verschieden war. Auf alle Fälle war er zum Leidwesen der Eltern nicht bereit, wie sie, seine Kunst den Forderungen eines vom Glauben an Christus geprägten Lebens zu unterstellen. Ihm war die poetische Freiheit wichtiger.

Wahrscheinlich im Mai 1900 schrieb Hesse einige Briefe an Elisabeth La Roche, die er auf musikalischen Abenden bei ihrem Vater Pastor La Roche und bei Wackernagels kennengelernt hatte. Er sandte die Briefe jedoch nicht ab, hat sie aber in Liebesgedichten, im *Hermann Lauscher* (1901) und im *Peter Camenzind* (1904) dargestellt. Es kam aber nie zu einem engeren Verhältnis zwischen den beiden. Am 24. Februar kündigte Hesse bei Herrn Reich als Sortimentsbuchhändler für Ende 1900 oder Anfang 1901 in der Hoffnung, daß er dann dort im Antiquariat weiterarbeiten könnte.[42] Dies wurde ihm auch in Aussicht gestellt, und so kündigte er im November auf Ende Januar 1901.[43] Am 31. Dezember schrieb er diesbezüglich seinen Eltern: »Äußerlich steht die Sache so: ich verlasse meine Stelle Ende Januar. Die neue, die mir versprochen, aber noch gar nicht gewiß ist, trete ich eventuell im Sommer (Juli?) an, keinesfalls früher. Die Zwischenzeit, mindestens 5–6 Monate, soll zunächst meinem

---

[41] G.B. I, S. 138–139. Siehe auch K.J. II, S. 624, Anm. 62.
[42] Siehe Brief an die Eltern. K.J. II, S. 497.
[43] Siehe Brief an die Eltern vom 8. November. K.J. II, S. 505.

Befinden, dann einer Italienreise und allerlei Studien zugute kommen.«[44]

Wie Hesse über diese Zeit dachte, wird in seinen Notizen in *Bagels Geschäftskalender* deutlich: »Mein bisheriger Freundschaftsglaube weicht einer halb traurigen, halb ironisch skeptischen Vereinsamung, auch den Frauen gegenüber. Doch zu den Tatsachen! Bis über den Winter 99/1900 hinaus litt ich stark an Heimweh nach Lulu und schrieb ihr zärtliche Briefe, denen sich nach fast jähriger Pause im Winter 1900 einige kühlere Spätlinge anreihten. Das Wilde und Quälende jener Liebe zerfloß zunächst in meiner neuerlichen Skepsis, dann auch durch die Bekanntschaft mit Elisabeth, die mich zu halber Liebe reizt, deren sehr wahre Schilderung ›Lauschers Tagebuch‹ enthält. Im Ganzen nahm während dieses Jahres mein Wesen eine männlichere, aber kühle Art an. Meine Ansprüche an Lebensgenuß (namentlich geistigen) werden rasch größer und bald unstillbar, jenes Hoffen auf die große Erfüllung der Zukunft hört auf und ich sehe mich an den resignierte[n] Genuß des Augenblicks gewiesen. Ein Sinken der Temperatur meines Wesens bezeichnet dies Jahr.«[45] Er betont auch, daß er in Basel am Leben teilnahm und geselliger war als in Tübingen. Sehr wichtig war für ihn auch das Naturerlebnis in der großartigen Schweizer Landschaft: »Trost und Heilung brachte mir in all dieser rasch aber kühl und gottlos gelebten Zeit die schöne Natur der Schweiz. [. . .]. Jetzt steht meine Abreise zu 6monat[igen] Ferien bevor, in denen ich besonders eine erste Italienreise nach Florenz machen will.«[46] Damit hatte Hesse eine weitere wichtige Bildungsphase in seinem Leben abgeschlossen. Sein Verhältnis zum Christentum bewegte sich aber noch in einem Zwischenstadium, welches zwischen Bejahung einzelner Aspekte und Verneinung der Versöhnungslehre in Christus hin und her schwankte.

---

[44] K.J. II, S. 522–523.
[45] H.H.: Aus den Notizen in »Bagels Geschäftskalender« 1899 [5. Februar 1901]. K.J. II, S. 524–525. Hesse hatte sich in Lulu (Julie Hellmann), die er auf einem 10tägigen Ferienaufenthalt im Jahre 1900 in Kirchheim/Teck kennengelernt hatte, verliebt. Er hat dieses Erlebnis in dem Lulukapitel »Hermann Lauscher« beschrieben. G.B. I, S. 63, Anm. 1. Über Hesses Verhältnis zu ihr siehe auch G.B. I, S. 60–63 u. S. 66–67.
[46] K.J. II, S. 525.

## 3. Buchhändler im Basler Antiquariat Wattenwyl (1901–1903)

Am 25. Januar 1901 schrieb Hesse seinen Eltern, daß die Verhandlungen mit Herrn von Wattenwyl abgeschlossen sind: »Ich bin also vom 1. August an im v. Wattenwyl'schen Antiquariat für 6 Monate mit fr. 100,– angestellt, und bin damit sehr zufrieden. Nach Ende der 6 Monate wird mein Chef, falls er mich behalten will, mir auf 130 bis 150 aufbessern. Natürlich kann ich mit hundert Franken nicht leben, hoffe jedoch den Rest zu verdienen.«[47] Finanzielle Hilfe seitens der Eltern brauchte er aber nicht, weil er durch Veröffentlichungen sein Gehalt aufbessern konnte. Von Ende März bis Mitte Mai trat er die geplante Italienreise an und besuchte Mailand, Genua, Florenz, Bologna, Ravenna, Padua und Venedig.[48]

Am 24. April 1902 starb seine Mutter, die so viel um ihn gelitten hatte und deren größter Wunsch die Bekehrung ihres Sohnes gewesen war. Erschüttert und doch auch erleichtert schrieb Hesse am 30. April an seine Familie in Calw: »[...] So leid es mir tut, nicht beim Begräbnis der lieben Mama gewesen zu sein, so war es doch für mich und Euch vielleicht besser, als wenn ich gekommen wäre. Ich war und bin noch sehr gedrückt, dennoch habe ich in diesen Tagen seit dem 24sten weniger gelitten als in den Wochen vorher. Seit der Todesnachricht war ich zu betäubt und ermüdet, um mehr als einen dumpfen Schmerz zu empfinden. Außerdem hatte ich in der allerletzten Zeit für Mama so sehr den Wunsch nach Erlösung gehabt, daß ich mich in aller Trauer doch ihres seligen, sanften Heimgangs freuen konnte. Auch habe ich seither immer das Gefühl gehabt, sie nicht verloren zu haben, sondern ihre geistige Gegenwart gütig und tröstend zu spüren. [...]. Die lieben, lebhaften Briefe der Mama und ihre schöne gewohnte Handschrift mußte ich ja schon seit 4 Monaten entbehren. Ich brachte den Abend des 24sten über diesen Briefen zu, aus denen so viel von mir meist nicht gewürdigte Weisheit, Güte und selbstlose Liebe sprechen [...].«[49] Diese Zeilen beweisen, wie sehr Hesse seine Mutter schätzte, obwohl er ihr in ihrer Glaubensauffassung nicht folgen konnte.

Mit ihrem Hingang hatte er die Person verloren, die ihm trotz aller Mißverständnisse am nächsten stand und immer sein Bestes

---

[47] G.B. I, S. 82.
[48] G.B. I, S. 82, Anm. 1.
[49] Brief an die Familie in Calw vom 11. 5. G.B. I, S. 88–89.

wollte: »[...] Auch ich habe nicht das Gefühl, als ob ich die liebe Mutter an ihrem Grab suchen müßte. Oft habe ich die Empfindung ihrer Gegenwart und Liebe stärker als je zu ihren Lebzeiten. Freilich, das schwerste Stück der Trauer bleibt mir nicht erspart, die Reue über alle Lieblosigkeiten, mit denen ich Mama so oft weh getan habe und die sie mir noch extra verziehen hat. Aber dies Sichbesinnen und dies traurige Nicht-wiedergutmachen-Können hat auch wieder seine positive, lehrende und bessernde Seite [...].«[50] Diese Erkenntnis war sicherlich ein wichtiger Schritt Hesses, die große Rolle der Mutter in seinem Leben besser zu verstehen.

Der Vater versuchte jetzt die Lücke zu füllen und korrespondierte mit seinem Sohn mehr als früher. In bezug auf den christlichen Glauben gab es aber auch kein einheitliches Verständnis zwischen den beiden. Am 12. Februar 1903 schrieb ihm Hesse: »[...] Was Du, Papa, über den Hahnschen Vortrag schriebst, fesselte mich. Doch gestehe ich, daß ich mehr und mehr die ewige Anklage gegen ›unsre skeptische, verderbte Zeit‹ für unrichtig halte. Sowohl die Antike wie die italienische Renaissance und das 17./18. Jahrhundert haben entschieden gottlosere Zeiten gehabt. Im Gegenteil scheint unsre Zeit mir darin wertvoll, daß sie gegen äußere Traditionen auf allen Gebieten zwar pietätlos revolutionär ist, dafür aber alle nicht ganz Verstockten mächtig mit Sehnsucht nach Gott erfüllt. Die vielverleumdete Poesie und Kunst unsrer Tage wenigstens ist zwar subjektiver, aber auch gläubiger und erlösungsbegeisterter, als sie jemals war. Daß dabei viel Fehler und Lächerlichkeiten vorfallen, ist nur natürlich (Buddhismus, Spiritismus, usw.). Aber es ist doch besser, auf Irrwegen zu suchen, als gar nicht zu suchen.«[51] Eine persönliche Verantwortung an diesem Zustand lehnt er entschieden ab, »aber daß an meiner und an andrer Leute Unsicherheit ›unsre schlechte Zeit‹ schuld sei, halte ich für falsch.«[52] Hesse ist hier gegenüber dem neuen Zeitgeist viel toleranter und aufgeschlossener als sein Vater, weil er die gesellschaftliche Moral nicht wie dieser ausschließlich nach den im Pietismus festgelegten Richtlinien der Bibel bewertet.

Im April 1903 reiste Hesse zum zweiten Mal nach Italien – diesmal in Begleitung von zwei Damen: »Eine mir befreundete Malerin, Frl. Gudrun, verließ neulich Basel, um für immer nach Italien zu gehen, und lud allerlei Bekannte und Freunde ein, sie für die Ostertage

---

[50] G.B. I, S. 90.
[51] G.B. I, S. 96.
[52] G.B. I, S. 97.

nach Florenz zu begleiten. Ich dachte nicht daran mitzugehen, bis am letzten Tag Frl. Bernoulli, eine andere Künstlerin, sich dafür begeisterte und mich zum Mitgehen überredete. [...]. Für die zwei Mädchen fand sich ein altes schönes Prunkzimmer in einem großen Palast des 16. Jahrhunderts, lächerlich billig. Da ich meine Augen nicht angreifen mag, gehe ich fast gar nicht in die Galerien, sondern treibe mich in Gassen, Plätzen, Hallen, Wirtshäusern und Garküchen herum und lasse mir das Volksleben und namentlich die billige und delikate Küche gut bekommen.«[53] Er verliebte sich in die neun Jahre ältere Maria Bernoulli (1868–1963), die damals mit ihrer Schwester in Basel ein Photoatelier führte, »wo häufig Künstlertreffen stattfanden«[54] und verlobte sich mit ihr am 31. Mai 1903. Da er Dichter sein wollte und Ruhe zur Arbeit brauchte, kündigte er seine Stelle bei Wattenwyl und zog ab dem 5. Oktober zu seinem Vater nach Calw. Ein Verlagsvertrag am 10. Juni über *Peter Camenzind* mit Samuel Fischer hatte ihm diese Entscheidung erleichtert. In Calw begann er sofort mit *Unterm Rad*, seinem nächsten Werk, das er im Juni 1904 vollendete. Durch den literarischen und finanziellen Erfolg des *Peter Camenzind* ermutigt, wagte es Hesse jetzt, in den Ehestand zu treten. Er heiratete Maria Bernoulli am 2. August 1904 in Basel und zog acht Tage später mit ihr in ein kleines Bauernhäuschen nach Gaienhofen, um dort ein neues und idyllisches Leben zu gründen.[55]

---

[53] Brief an die Familie in Calw vom 8. 4. 1903. G.B. I, S. 100.
[54] G.B. I, S. 100, Anm. 1.
[55] Über Hesses Verhältnis zu Maria Bernoulli von 1903 bis zur Hochzeit 1904 siehe auch G.B. I, S. 104–106, S. 108–110, S. 120 u. 122.

## IV. Eine gescheiterte Idylle – Ehe mit Maria Bernoulli (2. 8. 1903 bis 23. 6. 1923)

### 1. Gaienhofen (1904–1912)

Das Leben war sehr einfach in Gaienhofen, und Hesse mußte sich zuerst an die etwas primitiven Verhältnisse gewöhnen. Am 11. September 1904 schrieb er an Stefan Zweig: »Gaienhofen ist ein ganz kleines schönes Dörflein, hat keine Eisenbahn, keine Kaufläden, keine Industrie, nicht einmal einen eigenen Pfarrer, so daß ich heut früh zur Beerdigung eines Nachbarn bei scheußlichstem Regen eine halbe Stunde über Feld waten mußte. Es hat auch keine Wasserleitung, so daß ich alles Wasser am Brunnen hole, keine Handwerker, so daß ich die nötigen Reparaturen im Haus selber machen muß, und keinen Metzger, also hole ich Fleisch, Wurst, etc. jeweils im Boot über den See aus dem nächsten thurgauischen Städtchen. Dafür gibt es Stille, Luft und Wasser gut, schönes Vieh, famoses Obst, brave Leute. Gesellschaft habe ich außer meiner Frau und unsrer Katze nicht. Ich bewohne ein gemietetes Bauernhäuschen, für das ich jährlich 150 (hundertfünfzig) Mark Miete bezahle.«[1] Zu seinem neuen Stand als Ehemann äußerte er: »Und nun bin ich ein verheirateter Mann, und mit dem Zigeunern hat es einstweilen ein Ende. Die kleine Frau ist aber lieb und vernünftig.«[2] Beide bemühten sich um eine harmonische Ehe, die durch die Geburt Brunos, ihres ersten Sohnes, am 9. Dezember 1905 noch bereichert wurde. Im Oktober 1905 wurde *Unterm Rad* bei Samuel Fischer veröffentlicht, und Hesse hatte regen Verkehr u.a. mit Dichterfreunden und Künstlern wie Jacob Wassermann, Ludwig Finckh, Emanuel von Bodman, Othmar Schoeck, Volkmar Andrea, Albert Welti und Ludwig Thoma.

Am 17. Januar 1907 schrieb Hesse seinem Vater, daß er ein Wohnhaus für 20.000 Mark bauen wolle und daß ihn bei der Finanzierung sein Schwiegervater unterstützen würde. »Übrigens wird Vater Bernoulli uns den größten Teil der Bausumme zinslos vorschießen, so daß wir das Haus gewissermaßen als ein vorzeitig er-

---

[1] Brief an Stefan Zweig vom 11. 9. 1904. G.B. I, S. 125.
[2] G.B. I, S. 126.

haltenes Erbe betrachten können.«[3] Sicherlich konnte er es kaum erwarten, bis er dort im Frühjahr 1907 einziehen konnte: »Die Lage ist sehr schön, Quellwasser ganz nahe, das Ganze drei Minuten vom Dorf, mit weiter Seeaussicht nach 2 Seiten. Das Häusle wird bis zum 1. Stock massiv gemauert, oben Fachwerk und wahrscheinlich Schindelbekleidung, 7 1/2 bis 8 Zimmer ohne Nebenräume. Der Boden, bisher Ackerfeld, gibt einen guten Garten [...].«[4] Wie er »Beim Einzug in ein neues Haus« später berichtete, gefiel es Hesse in seiner neuen Umgebung zunächst ganz gut: »Nun waren wir also richtig für Lebenszeiten eingerichtet und angesiedelt, friedlich stand vor unsrer Haustür der einzige große Baum unsres Grundstücks, ein alter gewaltiger Birnbaum, unter den ich eine Lattenbank gezimmert hatte, fleißig bestellte ich meinen Garten, pflanzte und schmückte, und schon kam mein ältestes Söhnchen mir im Garten spielend mit seinem Kinderspaten nach.«[5]

Wie Hesse damals zum Christentum stand, erklärt er in einem Brief an die Familie in Calw vom 29. Februar 1908: »Seit ich neuerdings wieder mein philosophisches Fundament etwas revidiert und befestigt habe, bin ich auch für allerlei religiöse Lektüre empfänglicher. Das Resultat aller ernsthaften, exakten, kritischen Philosophie ist ja doch, daß die für unser Seelenbedürfnis brennendsten Fragen dem Verstand und gar der Logik ganz unlösbar sind. Nun ist als Trost und auch als praktische Ethik mir die Lehre Jesu unentbehrlich und lieb; hingegen ist mir die Vorstellung eines kurzen irdischen und eines ewigen himmlischen Lebens ohne alles Eingehen auf die Frage der Präexistenz gewissermaßen mythologisch zu dürftig, so daß ich für mein Bedürfnis nach einer ausgebildeteren, anschaulicheren Mythologie und Welterklärung immer wieder Anleihen bei Buddha und den vedischen Sagen mache. Gerade die Frage nach der Präexistenz, ethisch vielleicht belanglos, ist mir immer merkwürdig und anziehend, wenn auch nicht bedrängend. Wir stellen uns im Herzen doch stets eine individuelle Unsterblichkeit vor, da die nichtindividuelle eigentlich unvorstellbar ist; und da fragt man doch je und je wieder, wie es mit dieser persönlichen Seele wohl vor dem jetzigen Leben ausgesehen hat. Und da gibt mir die indische Wiedergeburtslehre, ohne daß ich gerade an sie ›glaube‹, eine gewisse Befriedigung, indem sie das Unausdenkliche mit einer prächtigen Bildlich-

---

[3] G.B. I, S. 137.
[4] G.B. I, S. 137–138. Siehe auch Anm. 1, S. 138.
[5] G.W. 10, S. 147–148.

keit vorstellt.«[6] Hesses wiedererwachtes Interesse an religiösen Fragen zeigt, daß er die Teile des christlichen Glaubens akzeptiert, die ihm persönlich klar und wertvoll sind, und die Teile in Frage stellt, die ihm zweifelhaft und unklar sind.

Noch deutlicher wird dies in einem Brief, den er am 6. März seinem Vater sandte: »Im übrigen teile ich, wie längst gesagt, den Standpunkt jener Glosse im ›März‹ nicht, obwohl ich in religiösen Sachen immer mehr duldsam und gewissermaßen sachlich werde, jedenfalls den Glauben an die Einziggültigkeit der religiösen Denkart, in der ich aufwuchs, nicht erhalten konnte. Ich glaube nicht, daß Naturwissenschaft, Denkgesetze, Logik und Billigkeit überall in Welt, Natur und Geschichte unser Denken bestimmen sollen, nur im Punkt des Religiösen nicht, wo es am nötigsten wäre. Daß ich mir trotz aller Weltlichkeit meines Lebens doch eine tiefe Verehrung der echten Frömmigkeit bewahren konnte, liegt nur daran, daß ich diese echte Frömmigkeit eben von Kind auf sehen und kennenlernen konnte. Wenn es anginge, alle Menschen der Welt zu dieser Art Glauben zu bringen, ich wäre der letzte, es anders zu wünschen! Aber ich sah von Jahr zu Jahr mehr, wie klein die Zahl solcher wirklich Frommen ist, und daß diese echte, ganz reine und selbstlose Art sich in allen höheren Religionen findet, während das offizielle Christentum, so wie es in seiner Entartung bei uns existiert und regiert, mir direkt kulturfeindlich scheint. Nur darum beteilige ich mich, wenn auch als stiller Mitarbeiter, an einer großen und ernsthaften Kulturarbeit, die zum Teil gegen die Kirche (nicht gegen den Glauben) gerichtet ist. Damit ist mein Verhältnis zum ›März‹ in dieser Hinsicht gezeichnet. Für mich persönlich, das weißt Du ja, ist das religiöse Bedürfnis damit nicht gestillt, und ich horche von der Bibel bis zur Legende und bis zum Koran an manchen Paradiestüren.«[7] Wie schon früher lehnt Hesse auch hier die Einziggültigkeit einer Religion und damit auch des Christentums ab. Dadurch stellt er das Christentum auf dasselbe Niveau wie die restlichen Weltreligionen. Obwohl ihn die Frömmigkeit der Eltern tief beeindruckt hat, kann er sie nicht nachahmen, weil es immer weniger Menschen gibt, die

---

[6] G.B. I, S. 144–145.
[7] G.B. I, S. 174. In der Glosse »Ein neuer Exportartikel« im ersten Aprilheft 1908 der Zeitschrift *März* hatte der Verfasser behauptet, daß europäische Geschäfte Götzen aus dem Orient nachmachten und sie als echt verkauften. Hesses Vater störte sich an dieser Geschäftsmoral. G.B. I, S. 172–174.

sich danach ausrichten. Da er die Einziggültigkeit des Christentums ablehnt, sein tiefes religiöses Bedürfnis aber doch stillen muß, bleibt er ein Suchender, ohne zunächst eine zufriedenstellende Antwort auf alle seine Fragen zu finden.

Im Familienleben gab es inzwischen auch einige Änderungen. Am 1. März 1909 ist Hesse mit der Geburt seines Sohnes Heiner zum zweiten Mal Vater geworden, und im Sommer machte er eine Badekur zur Behebung von »Störungen des Nerven- und Stimmungslebens« bei Professor Albert Fraenkel in Badenweiler mit.[8] Neben den literarischen Erfolgen *Diesseits* (1908), *Nachbarn* (1908) und *Gertrud* (1910) verblaßte die Idylle immer mehr: »Ich hatte Gaienhofen erschöpft, es war dort kein Leben mehr für mich, ich reise nun häufig für kurze Zeiten weg, die Welt war so weit da draußen, und fuhr schließlich sogar nach Indien, im Sommer 1911. Die heutigen Psychologen, der Schnoddrigkeit beflissen, nennen so etwas eine ›Flucht‹, und natürlich war es unter andrem auch dies. Es war aber auch ein Versuch, Distanz und Überblick zu gewinnen. Im Sommer 1911 fuhr ich nach Indien und kam ganz am Ende des Jahres zurück. Aber das alles genügte nicht.«[9]

Zusätzlich zu diesem Gefühl der Einengung kamen auch Bedenken über seine Rolle als Gatte und Familienvater, und mit der Geburt seines dritten Sohnes Martin sechs Wochen vor der Abreise nach Indien am 26. Juli waren seine Pflichten als Vater noch größer geworden: »Mit der Zeit fanden sich zu den verschwiegenen inneren Gründen unsrer Unzufriedenheit auch die äußern, die zwischen Mann und Frau leicht diskutierbaren: ein zweiter und dritter Sohn war geboren, der älteste wurde schulpflichtig, meine Frau empfand zuweilen Heimweh nach der Schweiz und auch nach der Nähe einer Stadt, nach Freunden und nach Musik, und allmählich gewöhnten wir uns daran, unser Haus als verkäuflich und unser Gaienhofener Leben als eine Episode zu betrachten. Im Jahre 1912 wurde die Sache reif, es fand sich ein Käufer für das Haus.«[10] Beide Ehegatten wollten nicht in Deutschland bleiben und zogen im September 1912 in das

---

[8] *Hermann Hesse 1877/1977. Stationen seines Lebens, des Werkes und seiner Wirkung.* Gedenkausstellungs-Katalog zum 100. Geburtstag im Schiller-Nationalmuseum Marbach/Neckar. Hrsg. v. Friedrich Pfäfflin, Albrecht Bergold, Viktoria Fuchs, Birgit Kramer, Ingrid Kußmaul in Verbindung mit Bernhard Zeller, Stuttgart: Klett Verlag, 1977. S. 86. (Im folgenden zitiert als F.P.H.)
[9] G.W. 10, S. 148.
[10] G.W. 10, S. 148.

Haus des verstorbenen Malers Albert Welti in Ostermundingen bei Bern. Damit hatte ein neuer und kritischer Abschnitt in ihrem Leben begonnen.

## 2. Bern (1912–1919) und Montagnola (1919–1923)

Hesse und seiner Frau gefiel es zunächst ganz gut im neuen Heim und in der neuen Umgebung. Doch gab es schon von Anfang an Vorbehalte: »Kurz, es war alles, wie wir es nicht besser hätten ausdenken können – und war trotzdem schon von Anfang an verschattet und unglücklich. Daß diese unsre neue Existenz mit dem Tod der beiden Weltis begonnen hatte, war wie ein Vorzeichen. Dennoch genossen wir zu Anfang die Vorzüge des Hauses, die unvergleichliche Aussicht, den Sonnenuntergang überm Jura, das gute Obst, die alte Stadt Bern, in der wir einige Freunde hatten und gute Musik hören konnten, nur war alles ein wenig resigniert und gedämpft; erst manche Jahre später hat meine Frau mir einmal gesagt, daß sie von Anfang an in dem alten Hause, von dem sie doch gleich mir entzückt schien, oft Angst und Bedrückung, ja etwas wie Furcht vor plötzlichem Tod und vor Gespenstern fühlte.«[11] Diese Vorahnung war nicht unbegründet, und die Familienverhältnisse und äußeren Umstände wurden in den nächsten Jahren immer kritischer: »Es kam nun langsam der Druck heran, der mein bisheriges Leben verändert und zum Teil vernichtet hat. Es kam, nicht ganz zwei Jahre nach unsrer Übersiedlung, der Weltkrieg, es kam für mich die Zerstörung meiner Freiheit und Unabhängigkeit, es kam die große moralische Krise durch den Krieg, die mich zwang, mein ganzes Denken und meine ganze Arbeit neu zu begründen, es kam das jahrelange schwere Kranksein unsres jüngsten, dritten Söhnchens, es kamen die ersten Vorboten der Gemütskrankheit meiner Frau – und während ich durch den Krieg amtlich überanstrengt und moralisch immer mehr verzweifelt war, bröckelte langsam alles das zusammen, was bis dahin mein Glück gewesen war.«[12] In dieser fast tragischen Selbstanalyse spürt man, wie sehr Hesse unter der Last und dem Verfall seiner Familienverhältnisse und dem Ausbruch des 1. Weltkriegs gelitten hat.

Am 9. September 1914 schrieb er seinem Vater, daß er auf deut-

---

[11] G.W. 10, S. 150.
[12] G.W. 10, S. 151.

scher Seite kämpfen wollte: »Ich wurde neulich mit dem Landsturm hier auf dem Konsulat gemustert, bot mich dann als Freiwilliger an, werde aber nicht genommen. Nun kann es lange gehen, bis ich doch drankomme, und möglicherweise komme ich vorher nach Deutschland, um irgendwo etwas zu helfen und näher dabei zu sein.«[13] Als er im Oktober auch in Stuttgart nicht eingezogen wurde, stellte er sich der Deutschen Botschaft in Bern zum Zivildienst zur Verfügung. Dort baute er ab Ende August 1915 für die Kriegsgefangenenfürsorge mit Professor Woltereck die *Bücherzentrale für deutsche Kriegsgefangene* auf, die sie gemeinsam bis zu Beginn des Jahres 1919 leiteten. Es war ihre Aufgabe, (...) »den deutschen Gefangenen in Frankreich und in Amerika und den Internierten in der Schweiz Bücher und kleine Bibliotheken zu beschaffen.«[14] Hesse nahm diese Aufgabe sehr ernst, schrieb viele Briefe um Bücherspenden und Geldspenden, und gab ab Januar 1916 das Kriegsgefangenenblatt *Sonntagsbote für die deutschen Kriegsgefangenen* und im Dezember desselben Jahres noch zusätzlich die *Deutsche Internierten Zeitung* heraus.[15]

Wie er in einem Brief vom 12. Oktober 1915 an Oberst Borel erwähnt, sah er seine Tätigkeit in der Kriegsgefangenenfürsorge als eine humane und nicht als eine patriotische: »Es ist mir von Professor Woltereck erzählt worden, daß Sie vor einiger Zeit mit einigem Interesse Kenntnis von unsrem Plan genommen haben, für die deutschen Kriegsgefangenen in Frankreich ein kleines Wochenblatt zu gründen. [...] Ich erlaube mir die höfliche Anfrage, ob Sie, hochgeehrter Herr Oberst, Interesse für meinen Plan haben. Mir nämlich scheint dies Blatt eine sehr wertvolle und wichtige Sache. Ich fasse es nicht von der patriotischen Seite auf, sondern lediglich von der humanen, und sehe darin, so wie ich mir das Blatt denke und wie ich es machen würde, ein Volksbildungsmittel, wie wir es nie mehr werden in die Hände bekommen. Die Gefangenen, zumal die wenig und halb Gebildeten, stehen seelisch und geistig ohne Zweifel großen Gefahren ausgesetzt, größeren als die Soldaten. Nun ergibt sich die Möglichkeit, diesen vielen Zehntausenden allwöchentlich einen ihren Bedürfnissen angepaßten Lesestoff bieten zu können! Das ist eine Möglichkeit ohnegleichen, mit schonender Hand und immer oh-

---

[13] G.B. I, S. 244–245. Hesse wurde wegen starker Kurzsichtigkeit am 29. 8. 1914 zurückgestellt. G.B. I, S. 246, Anm. 1.
[14] Bernhard Zeller, *Hermann Hesse in Selbstzeugnissen und Bilddokumenten*, Reinbek: Rowohlt, 1963, S. 74.
[15] R.F.H., S. 225 u. G.B. I, S. 289, Anm. 1.

ne den Anschein des Belehrenden Zehntausende von armen Notleidenden in ihrem Leben zu trösten, in ihrem Denken im guten Sinn zu beeinflussen, wobei ich allerdings konfessionell gefärbte Einflüsse möglichst fernhalten möchte.«[16] Während hier sein Einsatz zur Linderung der Not der deutschen Kriegsgefangenen bewundernswert und im Grunde genommen ein christlicher Akt der Nächstenliebe ist, befremdet das im letzten Satz angedeutete Weglassen jeglicher religiösen, also auch christlichen Literatur doch etwas. Man bemerkt hier, wie sich die innere Einstellung zum christlichen Dogma auf seine Tätigkeit auswirkt.

Als Hesse am 8. März 1916 unterwegs auf dem Bahnhof in Zürich von einem Freund erfuhr, daß sein Vater gestorben war, reiste er am nächsten Tag erschüttert zur Beerdigung nach Korntal. Da sein Vater neben der Mutter wohl den größten Einfluß auf seine christliche Erziehung gehabt hat, ist die Bedeutung, die ihm Hesse in dem Gedenkblatt *Zum Gedächtnis* zumißt, sehr groß: »Ich erinnerte mich an meinen letzten Besuch bei ihm, wie da gleich nach der Begrüßung unser Gespräch voll Verständnis, voll Licht und Vertrauen gewesen war. Obwohl er, der mich vermutlich viel besser kannte als ich ihn, Grund genug gehabt hätte, mir zu mißtrauen oder mich doch zu tadeln und anders zu wünschen, und obwohl ich im Vergleich zu seiner zarten Frömmigkeit ein roher Weltmensch war, stand doch über uns wie ein warmer Himmel ein Gefühl von Gemeinsamkeit und Einandernichtverlierenkönnen, und ohne Zweifel war die Toleranz und das Nachgebenmüssen bei ihm größer als bei mir. Denn er war, wenn auch nicht ein Heiliger, doch aus dem seltenen Stoffe, aus dem die Heiligen gemacht werden.«[17]

Während Hesse sich hier im Kontrast zum Vater als »roher Weltmensch« bezeichnete, war dessen Einfluß auf sein Glaubensleben und das Glaubensleben seiner Geschwister doch sehr stark: »Wir sprachen viel, und wer sich an besondere Erzählungen des Vaters aus dessen frühen Jahren erinnerte, der suchte sie wiederherzustellen, dazwischen lasen wir einander Stücke aus seinen Aufzeichnungen vor. Hier und dort nahm eines von uns ein Familienbild von der Wand, studierte daran, suchte Daten auf der Rückseite. Hier und da verschwand eines von uns, um ein wenig ›hinüber‹ zu gehen und beim Vater zu sein, und hie und da begann eines von uns zu weinen. Eine von meinen Schwestern hatte mehr verloren als wir andern, ihr

---

[16] G.B. I, S. 289.
[17] G.W. 10, S. 126.

wurde der Tod des Vaters zu Wende und Schicksal auch im äußern Leben. Um diese eine stellten wir andern uns und nahmen sie in die Mitte unsrer Liebe. Über Jahre und Jahrzehnte eines Auseinandergleitens hinweg umarmte uns, mit hundert teuren Erinnerungen an Vater und Mutter, die Gemeinsamkeit des Blutes und des Geistes. Denn dies erkannten wir alle als das Wesentliche in der Erbschaft des Entschlafenen, die wir alsbald angetreten hatten: es war nicht bloß das Band des Blutes da, das uns in der Stunde der Angst zueinanderdrängte. Es war darüber hinaus das Vermächtnis einer Zucht und eines Glaubens da, dem unser Vater und unsre Mutter gedient hatten und dem sich keines von uns Kindern zu entziehen dachte, der auch mich nach dem Zerschneiden aller Wort- und Gemeindefesseln immer noch innig mit umfaßt hatte. Diesen Glauben fühlten wir jetzt alle, den Glauben an eine Bestimmung, den Glauben an eine Berufung und Verpflichtung. Dieser Glaube, nicht in Worten auszudrücken und niemals durch Taten in seinem Trieb zu stillen, war uns allen gemeinsam wie das Blut. Auch wenn wir einander verlieren sollten, wußten wir uns doch für immer einem Orden, einer heimlichen Ritterschaft angehörig, aus der es keinen Austritt gibt. Denn man kann so einen Glauben wohl mit Füßen treten, nicht aber auslöschen. Aber davon sprachen wir kein Wort.«[18]

Hesse nahm das Vermächtnis der Eltern trotz aller Abweichungen von ihrer Glaubensauffassung und Lebensweise ernst. Er verstand jetzt die Bedeutung des Todes viel besser: »Bisher hatte ich den Tod wenig bedacht, nie gescheut, oft in verzweifelnder Ungeduld gewünscht. Erst jetzt sah ich ganz seine Wirklichkeit und Größe, wie er als Gegenpol da drüben steht und uns erwartet, damit ein Schicksal vollendet und ein Kreis geschlossen werde. Bisher war mein Leben ein Weg gewesen, bei dessen Anfängen ich viel in Liebe verweilte, bei Mutter und Kindheit, ein Weg, den ich oft singend und oft verdrossen ging und den ich oft verwünschte – aber nie war das Ende dieses Weges klar vor mir gestanden. Aller Antrieb, alle Kraft, die mein Dasein speiste, schien mir nur vom dunklen Anflug auszugehen, von Geburt und Mutterschoß, und der Tod schien mir nur der zufällige Punkt zu sein, wo diese Kraft, dieser Schwung und Antrieb einmal erlahmen und erlöschen würde. Jetzt erst sah ich die Größe und Notwendigkeit auch in diesem ›Zufälligen‹ und fühlte mein Leben an beiden Enden gebunden und bestimmt und sah meinen Weg und meine Aufgabe, dem Ende entgegenzugehen als der Vollen-

[18] G.W. 10, S. 132.

dung, ihm zu reifen und zu nahen als dem ernsten Fest aller Feste.«[19]

Hesse war sich bewußt, daß er jetzt ohne die irdische Heimat der Eltern und ihrer physischen Gegenwart nach einer neuen und unvergänglichen streben würde: »Eine Heimat habe ich jetzt nicht mehr, Mutter und Vater sind an verschiedenen Orten begraben [. . .]. Meine Heimat wird einmal dort sein, wo auch mir die Erde letzte Mutterdienste tut. Dennoch bin ich nicht in der Welt verloren, die ich liebe und der ich fremd bin, wie es der Tote war. Und habe mehr gewonnen als verloren an dem feuchten braunen Grab im schwäbischen Boden. Wer den Weg der Reife einmal betreten hat, der kann nicht mehr verlieren, nur gewinnen. Bis einmal auch ihm die Stunde kommt, wo er die Käfigtür offen findet und mit einem letzten Herzklopfen dem Unzulänglichen entschlüpft.«[20]

Als Hesse nach der Beerdigung des Vaters wieder nach Bern zurückgekehrt war, verschlechterte sich sein Zustand unter dem Druck innerer Belastungen und des Kriegsgeschehens so sehr, daß er von April bis Ende Mai 1916 mit Elektrotherapie in der Klinik Sonnmatt bei Luzern behandelt werden mußte. Außerdem hatte er analytische Sitzungen bei Dr. J.B. Lang, einem Schüler von C.G. Jung. Wie schlecht es ihm damals ging, schrieb er Frau Helene Welti am 18. Mai 1916: »[. . .] Bei mir ist auch eine Krisis im Werden, wobei freilich das Körperliche nur eine nebensächliche, wenn auch symbolische Bedeutung hat. Ich werde elektrisiert, elektrisch durchwärmt, massiert, gebürstet und an die Sonne gelegt, doch ist es uns mit aller Mühe noch nicht geglückt, mir für länger als Viertelstunden warme Füße zu verschaffen. [. . .] Doch sind das nur Nebensachen und zum Teil nur Symptome einer innern Verstimmung und Zersetzung, die seit Jahren in mir wuchs und die nun irgendwie nach einer Krise und Lösung verlangt, wenn das Weitermachen einen Sinn haben soll. Wohin der Weg führt, ist mir noch ganz unklar – vielleicht in die ›Welt‹ zurück, vielleicht in noch engere Einsamkeit und Selbstbeschränkung. Zur Zeit spüre ich nur das Abwelken von Trieben und Denkweisen, die mir einst lieb und lebendig waren, und das Werden von Neuem, das noch unklar ist und mehr Angst als Freude macht. Auch diese Entwicklung hat der furchtbare Krieg beschleunigt durch den quälenden Druck, den er übt.«[21]

---

[19] G.W. 10, S. 131.
[20] G.W. 10, S. 132.
[21] G.B. I, S. 324. Nach den ersten zwölf analytischen Sitzungen fuhr Hesse wöchentlich von Bern nach Luzern zur Behandlung. Anm. 1.

In dem Aufsatz *Künstler und Psychoanalyse* erklärt Hesse, warum für ihn die Psychoanalyse damals zur Lösung seines inneren Konflikts so wichtig war: »Wer den Weg der Analyse, das Suchen seelischer Urgründe aus Erinnerungen, Träumen und Assoziationen, ernsthaft eine Strecke weit gegangen ist, dem bleibt als bleibender Gewinn, das was man etwa das ›innigere Verhältnis zum eigenen Unbewußten‹ nennen kann. Er erlebt ein wärmeres, fruchtbareres, leidenschaftlicheres Hin und Her zwischen Bewußtem und Unbewußtem; er nimmt von dem, was sonst ›unterschwellig‹ bleibt und sich nur in unbeachteten Träumen abspielt, vieles mit ans Licht herüber.«[22] Insbesondere wurde auch das persönliche Gewissen miteinbezogen: »Und das wieder hängt innig zusammen mit den Ergebnissen der Psychoanalyse für das Ethische, für das persönliche Gewissen. Die Analyse stellt, vor allem andern, eine große Grundforderung, deren Umgehung und Vernachlässigung sich alsbald rächt, deren Stachel sehr tief geht und dauernde Spuren lassen muß. Sie fordert eine Wahrhaftigkeit gegen sich selbst, an die wir nicht gewohnt sind. Sie lehrt uns, das zu sehen, das anzuerkennen, das zu untersuchen und ernst zu nehmen, was wir gerade am erfolgreichsten in uns verdrängt hatten, was Generationen unter dauerndem Zwang verdrängt hatten. Das ist schon bei den ersten Schritten, die man in der Analyse tut, ein mächtiges, ja ungeheures Erlebnis, eine Erschütterung an den Wurzeln. Wer standhält und weitergeht, der sieht sich nun von Schritt zu Schritt mehr vereinsamt, mehr von Konvention und hergebrachter Anschauung abgeschnitten, er sieht sich zu Fragen und Zweifeln genötigt, die vor nichts haltmachen. Dafür aber sieht oder ahnt er mehr und mehr hinter den zusammenfallenden Kulissen des Herkommens das unerbittliche Bild der Wahrheit aufsteigen, der Natur. Denn nur in der intensiven Selbstprüfung der Analyse wird ein Stück Entwicklungsgeschichte wirklich erlebt und mit dem blutenden Gefühl durchdrungen. Über Vater und Mutter, über Bauer und Nomade, über Affe und Fisch zurück wird Herkunft, Gebundenheit und Hoffnung des Menschen nirgends so ernst, so erschütternd erlebt wie in einer ernsthaften Psychoanalyse. Gelerntes wird zu Sichtbarkeit, Gewußtes zu Herzschlag, und wie die Ängste, Verlegenheiten und Verdrängungen sich lichten, so steigt die Bedeutung des Lebens und der Persönlichkeit reiner und fordernder empor.«[23]

---

[22] G.W. 10, S. 50–51.
[23] G.W. 10, S. 51.

Diese Entwicklung, die ihn noch mehr vom konfessionellen Christentum distanziert, führt direkt zu dem 1919 erschienenen *Demian*, dem wichtigsten und entscheidendsten Werk dieser Epoche. Es ist die Geschichte des Knaben Emil Sinclair, der von dem älteren und reiferen Demian auf dem Weg zur Selbstverwirklichung geleitet wird. In Gesprächen mit Sinclair greift er die Echtheit biblischer Texte an, ändert die Kainsgeschichte und die Geschichte von den beiden Schächern am Kreuz und ersetzt Gott durch den Gott Abraxas, der sowohl das Gute als auch das Böse verkörpert und akzeptiert. Durch Überwindung der Polarität der Welt, dem Bösen und Guten, soll Sinclair die Selbsterlösung und Selbstverwirklichung finden. Daß es aber nur eine Scheinerlösung war, wird bei ihrer letzten Begegnung in einem Feldlazarett in Frankreich deutlich: »Kleiner Sinclair, paß auf! Ich werde fortgehen müssen. Du wirst mich vielleicht einmal wieder brauchen, gegen den Kromer oder sonst. Wenn du mich dann rufst, dann komme ich nicht mehr so grob auf einem Pferd geritten oder mit der Eisenbahn. Du mußt dann in dich hinein hören, dann merkst du, daß ich in dir drinnen bin. Verstehst du? – Und noch etwas! Frau Eva hat gesagt, wenn es dir einmal schlecht gehe, dann solle ich dir den Kuß von ihr geben, den sie mir mitgegeben hat. [...] Mach die Augen zu, Sinclair!

Ich schloß gehorsam meine Augen zu, ich spürte einen leichten Kuß auf meinen Lippen, auf denen ich immer ein wenig Blut stehen hatte, das nie weniger werden wollte. Und dann schlief ich ein.

Am Morgen wurde ich geweckt, ich sollte verbunden werden. Als ich endlich richtig wach war, wendete ich mich schnell nach der Nachbarmatratze hin. Es lag ein fremder Mensch darauf, den ich nie gesehen hatte.

Das Verbinden tat weh. Alles, was seither mit mir geschah, tat weh. Aber wenn ich manchmal den Schlüssel finde und ganz in mich selbst hinuntersteige, da wo im dunkeln Spiegel die Schicksalsbilder schlummern, dann brauche ich mich nur über den schwarzen Spiegel zu neigen und sehe mein eigenes Bild, das nun ganz Ihm gleicht, Ihm, meinem Freund und Führer.«[24] So wie der Christ Christus braucht, um zu Gott zu kommen, so braucht Sinclair (Hesse) den »Schlüssel«, um zu seiner Erlösung und Selbstverwirklichung zu kommen. Der Unterschied besteht aber darin, daß der bekehrte Christ durch den Heiligen Geist und durch Christus immer mit Gott in Verbindung steht, während Sinclair (Hesse) mit großer Mühe

---

[24] G.W. 5, S. 162–163.

»nur manchmal den Schlüssel findet«, der ihn in diesen höheren Zustand versetzt.

In diesem Zusammenhang ist auch Hesses Freundschaft mit dem Naturmenschen Gusto Gräser interessant. Hesse war bei ihm in der Naturanstalt Monte Verità bei Ascona im April 1907 für mehrere Wochen und auch später zwischen 1916–1918 für Wochen und Monate. Dort suchte er Heilung und Trost in einem alternativen Lebensstil, der für die damalige Zeit nach Albert Bettex ein einmaliges Wagnis war: »Ascona aber wurde kurz nach 1900 zum Inbegriff kühnster individualistischer Lebensreform. Der Monte Verità war die Stätte, wo im November 1900 einige Siedler unter der Führung des Belgiers Henri Oedenkoven einen der bedingungslosesten modernen Versuche, Leben und Denken auf neue, freieste Grundlagen zu stellen, ins Werk zu setzen begannen. Sie bekannten sich zur ›naturgemäßen Lebensweise‹, zur Rohkost, zu den Heilkräften des Wassers und der Sonne und nahmen damit pionierhaft spätere Methoden vorweg; sie verwarfen den Zwang modischer Kleidung; überdies aber waren ihnen Frauenemanzipation, freie Ehe, Pazifismus, Gesellschaftsreform und übernationale Haltung Selbstverständlichkeiten. Außerhalb der herrschenden Welt und gegen sie wollten sie als Kolonisatoren ein neues, freies Leben auf eigener Scholle gründen.«[25] Hesse versuchte diesen alternativen Lebensstil als Einsiedler, konnte ihn aber auf die Dauer nicht aufrechterhalten.

Dasselbe Ziel betont Sinclair auch im *Demian*: »Von diesem Tag an ging ich im Hause ein und aus wie ein Sohn und Bruder, aber auch wie ein Liebender. Wenn ich die Pforte hinter mir schloß, ja schon wenn ich von weitem die hohen Bäume des Gartens auftauchen sah, war ich reich und glücklich. Draußen war die ›Wirklichkeit‹, draußen waren Straßen und Häuser, Menschen und Einrichtungen, Bibliotheken und Lehrsäle – hier drinnen aber war Liebe und Seele, hier lebte das Märchen und der Traum. Und doch lebten wir keineswegs von der Welt abgeschlossen, wir lebten in Gedanken und Gesprächen oft mitten in ihr, nur auf einem anderen Felde, wir waren von der Mehrzahl der Menschen nicht durch Grenzen getrennt, sondern nur durch eine andere Art des Sehens. Unsere Aufgabe war, in der Welt eine Insel darzustellen, vielleicht ein Vorbild, jedenfalls aber die Ankündigung einer anderen Möglichkeit zu leben. Ich lernte, ich lang Vereinsamter, die Gemeinschaft kennen, die

---

[25] Hermann Müller (Hrsg.), *Gusto Gräser und sein Werk*, Knittlingen: Wilfried Melchior Verlag, 1987. S. 17–18.

zwischen Menschen möglich ist, welche das völlige Alleinsein gekostet haben. Nie mehr begehrte ich zu den Tafeln der Glücklichen, zu den Festen der Fröhlichen zurück, nie mehr flog mich Neid oder Heimweh an, wenn ich die Gemeinsamkeiten der andern sah. Und langsam wurde ich eingeweiht in das Geheimnis derer, welche ›das Zeichen‹ an sich trugen.

Wir, die mit dem Zeichen, mochten mit Recht der Welt für seltsam, ja für verrückt und gefährlich gelten. Wir waren Erwachte, oder Erwachende, und unser Streben ging auf ein immer vollkommeneres Wachsein, während das Streben und Glücksuchen der anderen darauf ging, ihre Meinungen, ihre Ideale und Pflichten, ihr Leben und Glück immer enger an das der Herde zu binden. [...] Für sie war die Menschheit – welche sie liebten wie wir – etwas Fertiges, das erhalten und geschützt werden mußte. Für uns war die Menschheit eine ferne Zukunft, nach welcher wir alle unterwegs waren, deren Bild niemand kannte, deren Gesetze nirgend geschrieben standen.«[26] Dieses »höhere« Sehen einer sich in der Zukunft entwickelnden undefinierbaren Menschheit widerspricht dem biblischen Konzept, in dem der gläubige Mensch zu einer neuen Kreatur durch Christus wird und als Kind Gottes zur Vollkommenheit gelangt. Nach der Bibel kann die Erneuerung des Menschen und damit die Erneuerung der menschlichen Gesellschaft nur auf diese Weise entstehen.

Während sich Hesse um einen alternativen Lebensstil bemühte und sich einer psychoanalytischen Behandlung unterzog, verschlimmerte sich die Krankheit seiner Frau so sehr, daß er sich Mitte April von der Familie trennte und am 11. Mai in die Casa Camuzzi in Montagnola einzog, die er bis August 1931 bewohnte. Für ihn kam jetzt als einziger Ausweg nur noch die Auflösung seiner Familie in Frage. Am 15. Oktober 1919 schrieb er seiner Schwester Adele: »Daß Haus und Heimat, Frau und Kind alles nur Gleichnisse und Bilder für mich waren, bei denen ich nicht lange verweilen durfte, damit werde ich schon fertig werden. Auch die Qualen der Lostrennung und jene schlimmeren Qualen, die meine Frau mir in ihrer Krankheit angetan hat, werden einmal so fern und klein und still daliegen wie jetzt Calw und Basel, Gaienhofen und Bern für mich im Bilderbuch des Lebens liegen.

Es muß sich bald zeigen, ob wir für Frau und Kinder einen Vormund finden, da ich für diese Geschäfte untauglich bin. Dann sieht

[26] G.W. 5, S. 142–143.

man weiter. Eines der Kinder oder zwei in Deutschland zu haben, wäre für mich natürlich leichter, doch darf ich darüber jetzt noch nicht verfügen. Ob die Geschwister Mias etwas mithelfen oder sich eher feindlich zu mir stellen werden, ist auch ungewiß, denn zur Scheidung muß es mit der Zeit doch wohl kommen, jedenfalls steht mein Entschluß fest, Mia auf keinen Fall wiederzusehen. Es wird viel Häßliches geben, glaub ich, schon weil Mia, sobald sie wieder etwas wohler ist, mit äußerster Energie die Kinder zu sich verlangen wird und wir das wahrscheinlich werden verbieten müssen.«[27] Hesse gestand aber auch, daß er als Ehemann und Vater kein Vorbild war, weil sein Hauptinteresse seiner Dichtkunst galt: »Daß es auch äußerlich zum Bankrott meiner Ehe kam, war richtig, denn ich war nie ein guter Ehemann und Vater, und mußte doch einmal am Kreuzweg stehen und mich entscheiden. Statt der bürgerlichen Existenz, die für mich doch immer nur eine Maske war, habe ich nun entschieden jene andere Aufgabe gewählt, die ich als mein Schicksal und als den Sinn meines Lebens ansehe. Auch sie wird mich schwere Wege führen, aber ich denke, ich werde sie leichter und freier gehen als die früheren, denn glücklich und leichten Herzens war ich ja in all den langen Ehejahren doch nicht.«[28]

Nach Joseph Mileck hatte diese Ehe kaum eine Chance, weil sich beide anscheinend nicht aneinander anpassen konnten: »Hesse hätte kaum eine ungeeignetere Lebenspartnerin wählen können als Maria Bernoulli. Sie war nicht nur neun Jahre älter als er, sondern ebenso hartnäckig, ebenso selbstbezogen und ebenso festgelegt in ihren Ansichten wie er. Keiner paßte zum andern. Er war für sie zu temperamentvoll und sie für ihn zu ruhig und zurückhaltend. Er verübelte ihr ihre Unabhängigkeit und sie ihm seine Unbeständigkeit. Sie war zu stur und er zu launisch. Sie zeigte zu wenig Interesse an seiner Arbeit, und er hatte keinen Sinn für Familienangelegenheiten. Keiner schien die Bedürfnisse des andern zu würdigen, und beide waren überempfindlich für mangelnde Beachtung. Die Entfremdung blieb nicht aus. Allmählich fingen beide an, ihre eigenen Wege zu gehen. Maria ging immer mehr im Haushalt auf, in ihren Kindern und in der Musik, und Hesse widmete sich dem Schreiben, dem Garten, pflegte seinen großen Freundeskreis und fand ein Ventil für seine wachsende Unruhe im Reisen.«[29]

---

[27] G.B. I, S. 419–420.
[28] G.B. I, S. 420.
[29] J.M.H., S. 42.

Aufgrund all dieser großen Schwierigkeiten war Hesse so enttäuscht von Mia, daß er nichts mehr von ihr wissen wollte: »Meine Frau, nach der Sie fragen, ist bisher in der Anstalt für Nerven- und Gemütskranke in Kilchberg bei Zürich. Ihre Geschwister wollen sie von dort bald nach Meilen bringen, wo sie meinen, daß sie es in manchem besser habe. Ich weiß nichts Direktes von ihr, habe auch nicht im Sinn, wieder mit ihr in Verbindung zu treten, aber ich glaube, ein Gruß von Ihnen würde sie gewiß sehr freuen. Sollte sie aber irgend auffallende Wünsche an Sie richten, etwa nach Geld oder so, so bitte ich nicht darauf zu reagieren.«[30] Man fragt sich hier, warum Hesse, der sonst so human denkt, seine kranke Frau im Stich gelassen hat. Gottfried Meskemper sieht bei Hesse eine Dissonanz zwischen seiner Aussage als Dichter und seiner Rolle als Ehemann: »Seit 1919 gibt er mit anderen eine Zeitschrift heraus: ›Vivos Voco‹ – ›Ich rufe die Lebenden‹ – mit dem hohen Anspruch: ›*Unser Ruf an die Lebenden, an die Jungen vor allem, ist der Ruf um Hilfe und Mitkämpfer gegen die Not der Zeit...*‹ Und die Not seiner hinterlassenen Frauen? Er heiratete erneut ...

Nun soll hier kein Verdammen stattfinden, sondern nur dem Anspruch des Vorbildes gewehrt werden.«[31] Sicherlich ist diese Frage, die zugleich auch eine christlich-ethische ist, berechtigt. Es steht fest, daß er nicht bereit war, in selbstloser und aufopfernder Liebe um die Existenz seiner Familie zu kämpfen. Hätte er als bekehrter Christ die moralische Kraft aufgebracht, anders zu handeln? Wahrscheinlich ja. Doch das ist und bleibt nur eine Hypothese. Auf meine Frage an Bruno Hesse, ob das Verhältnis seiner Mutter zum Christentum ähnlich oder anders als das seines Vaters war, und wie es sich auf sie als Kinder auswirkte, schrieb er am 30. Oktober 1993: »[...] Sie war reformierten Glaubens, der Glaube an Gott war ihr selbstverständlich, aber besonders ›kirchlich‹ war sie nicht. Ihr Verhältnis zur Religion war also ähnlich wie dasjenige meines Vaters, aber eine so heftige Reaktion gegen die Kirche wie bei Vater in seiner Jugend gab es nie – es war auch kein Anlaß dazu da. In meinem Elternhaus, als wir noch zuhause und Kinder waren, wurde kaum von Religion und Kirche gesprochen.«[32] In dieser Hinsicht fehlte

---

[30] G.B. I, S. 428.
[31] Auch die zweite Ehe Hesses mit Ruth Wenger wurde geschieden. Gottfried Meskemper, *Falsche Propheten unter Dichtern und Denkern*, Berneck: Schwengeler-Verlag, 1990. S. 114–115. (Im folgenden zitiert als G.M.)
[32] Brief von Bruno Hesse an Helmut W. Ziefle am 30. Oktober 1993.

Hesses erster Familie angesichts schwieriger Lebensfragen die Verbundenheit im Glauben und die Gewißheit christlicher Gemeinschaft und vergebender Liebe, wie es vorher seine Eltern so vorbildlich vorgelebt hatten.

Joseph Mileck beschreibt die kritische Lage der Familie in den Jahren 1918–1919 und untersucht die Gründe, die zu ihrer Auflösung geführt haben: »Marias Verhalten war immer exzentrischer geworden. Sie wurde im Oktober 1918 geisteskrank und lebte bis März 1919 in einer Anstalt. Bruno und Heiner wurden in einem Internat untergebracht, und Hesse mußte in dem leeren Haus selbst für sich sorgen. Als er im März 1919 von seinem Kriegsdienst freigestellt wurde, regelte er unverzüglich seine Angelegenheiten in Bern und brach im April ins Tessin auf, um sein Leben neu zu beginnen. Damit endete praktisch seine Ehe. Im Spätsommer dieses Jahres mußte Maria wieder in eine Anstalt. Im folgenden Januar wurden die beiden jüngeren Söhne in ein Pflegeheim im Schwarzwald gegeben. Drei Monate später wurde Bruno nach Oschwand geschickt, wo er im Haus des Malers Cuno Amiet aufwuchs, und im Mai trat Heiner in ein Internat in Kefikon ein. Damit war Hesses aktive Rolle als Vater beendet.

Ehe und Häuslichkeit hatten offensichtlich nicht zu Hesse gepaßt. Sein rousseauesles Abenteuer in Gaienhofen endete in Langerweile und Frustration, und sein Leben als Berner Herr vom Lande wurde zu einem Alptraum. Im Frühjahr 1919 sah er sich ohne Frau, Kinder, Heim und Beruf und mit sehr geringem Einkommen, doch er war wieder frei, und Freiheit war anregend. Was er seit langem vermutet hatte, wußte er nun genau. Obwohl er ein Dichter war, der seine Einsamkeit und Träume brauchte, hatte er einen Hausstand gegründet. Obwohl im Herzen ein Nomade, hatte er versucht, ein etabliertes Mitglied der Gesellschaft zu werden. Er hatte wieder eine Rolle gespielt und sich abermals dabei verletzt. Weder der Ästhetizismus noch die Verbürgerlichung hatten Hesse gutgetan. Nun war er entschlossen, nur er selbst zu sein, was auch kommen mochte.«[33] Er war bereit, dieses neue und gefährliche Wagnis der Selbstverwirklichung anzutreten und ließ sich am 23. Juni 1923 von Mia scheiden. Damit endete eine schwierige Periode seines Lebens.

---

[33] J.M.H., S. 78.

# V. Versuch eines Neubeginns – Ehe mit Ruth Wenger (11. 1. 1924 bis 2. 5. 1927)

Hesse ist der zweiundzwanzigjährigen Sängerin Ruth Wenger, Tochter der Schriftstellerin Lisa Wenger, am 24. Juli 1919 zum ersten Mal in Carona begegnet: »Auch in Carona waren wir, sahen die Kanonenkugeln und den violetten Generoso wieder, und das feine Mädchen Ruth lief in einem feuerroten Kleidchen herum, begleitet von einer Tante, zwei Hunden und einem leider wahnsinnigen Klavierstimmer, es war eine herrliche Menagerie. Das Ganze endete in einem finsteren Grotto, der irgendwo steil in der Luft hing, unten sausten beleuchtete Eisenbahnen vorbei, man küßte Weiber und Baumstämme, es war grauenhaft schön.«[1] Beeindruckt, aber doch etwas ungewiß erklärte er ihrer Mutter ein Jahr später seine Ansichten über Ruth und sein Verhältnis zu ihr: »Auch jetzt noch ist sie oft nervös, launisch und kindlich, aber im ganzen hat es ihr gutgetan, von mir angerufen und ernstgenommen zu werden. Sie gesteht mir das Recht dazu zu, weil sie fühlt, daß mein eigenes Leben verflucht ernst ist und daß ich nicht spaße. Wie es weitergehen wird, weiß ich nicht. Zur Zeit hat Ruth viel Vertrauen zu mir, aber es ist ein bißchen Verliebtheit oder Liebe dabei, und das ist bei ihr nur Täuschung. Aber lassen Sie sie in Ruhe und machen Sie sie ja nicht scheu!«[2]

Die Vorbehalte, die Hesse hier noch hatte, waren ein Jahr später einer stärkeren inneren Gewißheit und Überzeugung in seinem Verhältnis zu Ruth gewichen. 1921 schrieb er ihrem Vater Theo Wenger, der bei dieser Beziehung mit einem verheirateten Dichter moralische und finanzielle Bedenken hatte: »Daß zwischen Ruth und mir die nahe Freundschaft wieder aufhören werde, glaube ich nicht. Wir sind beide exponierte und sensible Naturen, die ein starkes Bedürfnis nach liebevollem Verständnis haben. Dies fanden wir beieinander, und nun kennen wir uns so gut, daß wir dadurch wohl für immer aneinander geknüpft sind. Ich habe nie jemandem so viel von meinen geheimsten Trieben, Schwächen und Leiden anvertraut wie

---

[1] G.B. I, S. 408.
[2] Brief vom Sommer 1920. G.B. I, S. 455.

ihr.«[3] Das gemeinsame seelische Verständnis, das er bei Mia so sehr vermißte, war für ihn wichtiger als das Verliebtsein: »Ich liebe sie nicht nur als Freundin und Seele, sondern auch als Weib, aber ich habe nie das Erotische in der Liebe für das Wichtigste gehalten und weiß aus Erfahrung, daß ich mich leicht und oft verlieben kann, daß ich aber nur selten mich einem anderen seelisch anvertrauen konnte, und daß dies Band dann fester hält als alle Verliebtheit.«[4]

Gebunden durch seine erste Ehe und innere Bedenken gegen eine voreilige zweite, konnte er den Wunsch von Ruths Vater auf eine Verheiratung nicht erfüllen: »Wenn ich nun zur Zeit, von außen wie von innen gesehen, nicht eine Verheiratung anstreben kann, so weiß ich, daß ich damit die bürgerliche Moral verletze, kann dies aber nicht ändern, da ich einer anderen, aber nicht minder heiligen Moral folgen muß – der Stimme in mir selbst. [...] Was meine Bedenken gegen die Ehe (wenigstens in der üblichen Form) betrifft, so bitte ich Sie zu bedenken, daß ich in einer langen, vieljährigen Ehe schon einmal überaus schwere Erfahrungen gemacht habe und daß ich mir sagen muß, daß ich zum Mißlingen und endlichen Scheitern dieser ersten Ehe selbst gewiß ebensoviel beigetragen habe wie meine erste Frau. Diese Wunde ist noch offen. Vielleicht wächst sie mit der Zeit zu. Es ist nicht so, daß ich, wie man es oft hört, für den Künstler, als einen irgendwie höheren Menschentyp, eine laxere Moral beanspruchen würde. Im Gegenteil, ich bin gegen mich selber strenger als die Durchschnittsmenschen. Ich halte mich auch nicht für wertvoller als andre oder für einen Führer oder wichtigen Geist, ich sehe meine Mission viel mehr im Ertragen und Aussprechen der Erlebnisse, die eine besonders gesteigerte Sensibilität mir auferlegt. Und diese Sensibilität macht zur Ehe wenig geeignet.«[5]

»Diese Sensibilität«, die nicht an die Tradition gebunden ist, und alles Suchen und alle Erlebnisse auf das Ich bezogen als Schicksal betrachtet, sieht man auch in Hesses Verhältnis zur Religion und zum Christentum. Für ihn gibt es keine Alleingültigkeit einer Religion, weil ihm andere je nach Bedarf auch wertvolle Hilfestellung auf seiner geistlichen Wanderschaft leisten können. Er nimmt dann das von einer Religion auf, was ihm gerade nützlich ist, ohne sich aber auf irgendein Dogma oder eine besondere Richtung festzulegen. Am 10. Februar 1921 schrieb Hesse, der sich zu dieser Zeit schon jahre-

---

[3] G.B. I, S. 477.
[4] G.B. I, S. 477.
[5] Weiterer Brief von 1921. G.B. I, S. 479.

lang mit den östlichen Religionen als ein Vorstudium zu seinem *Siddhartha* befaßt hatte, Frau Wenger über seinen Glauben: »Die Lehre Buddhas war manche Jahre lang eigentlich mein Glaube und einziger Trost, nur allmählich veränderte sich meine Einstellung, und jetzt bin ich nicht mehr Buddhist, sondern neige viel mehr zum Indien der Götter und Tempel, wie überhaupt der Sinn der Vielgötterei etc. erst in neuerer Zeit mir allmählich aufzugehen begann. Ich sehe jetzt den Buddhismus im Verhältnis zum Brahmanentum etwa so an wie die Reformation im Verhältnis zur katholischen Kirche. Ich bin Protestant und habe als Kind fest an den Wert und Sinn der Reformation geglaubt [. . .]. Erst spät merkte ich, daß die Reformation zwar eine sehr hübsche Sache war, und daß die Gewissenhaftigkeit des Protestanten im Vergleich mit Ablaßhandel etc. sehr edel und rühmlich war, daß aber die protestantische Kirche niemand etwas bot, und daß im Protestantismus und seinen Sekten eine gefährliche Kultur der Minderwertigkeitsgefühle getrieben wurde. Ebenso, oder sehr ähnlich, sehe ich jetzt den Buddhismus, der die Welt ohne Götter rein vernünftig ansieht und das Heil allein im Geistlichen sucht, wie eine Art schönen Puritanismus an, der aber in seiner Einseitigkeit erstickt und mich mehr und mehr doch wieder enttäuscht hat. Siddhartha wird, wenn er stirbt, nicht Nirwana wünschen, sondern mit seiner Wiedergeburt einverstanden sein, und aufs neue den Lauf antreten.«[6]

Sechs Wochen später formulierte er seinen Glauben, in dem das Christentum wohl eine Rolle, aber nicht die ausschlaggebende spielt, noch präziser: »[. . .] Ja, und was die Religion und Moral und alles das angeht, und die Frage, ob Buddhismus oder Christentum oder Laotse – darüber werden wir gewiß noch oft sprechen. Ich für mich glaube durchaus nicht, daß es eine beste und einzige wahre Religion oder Lehre gibt – wozu auch? Buddhismus ist sehr gut, und Neues Testament auch, jedes zu seiner Zeit und da, wo es not tut. Es gibt Menschen, die haben Askese nötig, und andere, die brauchen anderes. Und auch der gleiche Mensch braucht nicht immer das gleiche, sondern bald braucht er Tat und Regsamkeit, bald Versenkung in sich, bald braucht er Spiel, bald Arbeit. So sind wir Menschen, und die Versuche, uns anders zu machen, mißglücken immer. [. . .] Als menschliches Ideal erscheint mir nicht irgendeine Tugend oder irgendein bestimmter Glaube, sondern als Höchstes, wonach Men-

---

[6] Hesse arbeitete damals an *Siddhartha*, der 1923 bei Fischer erschienen ist. G.B. I, S. 466.

schen streben können, erscheint mir die möglichste Harmonie in der Seele des einzelnen. Wer diese Harmonie hat, der hat das gleiche, was die Psychoanalyse etwa freie Verfügbarkeit der Libido heißen würde, und wovon das Neue Testament sagt ›Alles ist Euer‹.«[7]

Wie schon in der langen Auseinandersetzung mit den Eltern, fehlt auch hier bei Hesse die Gewißheit des neutestamentlichen Glaubens an den auferstandenen Christus, der als alleiniger Mittler zwischen Gott und dem Menschen die von ihm so ersehnte und auf die Dauer nicht zu erreichende »Harmonie in der Seele« wiederherstellen kann. In einem Brief vom 2. Mai 1921 erklärt Hesse Frau Wenger, daß der Versuch der Selbsterlösung ein Kampf ohne Aussicht auf vollen Erfolg sei: »Die indisch-buddhistische ›Einkehr‹, von der Ihr Brief auch spricht, ist ja nicht eine einmalige Erkenntnis, sondern eine Disziplin, eine ständige, tägliche Übung. Daß unser körperlich-vergängliches Ich belanglos ist, können wir, bei unsrem Leben, nur für Augenblicke einsehen, danach leben kann man nur auf Grund einer mehr oder weniger mönchischen Konzentration. Das ist beim Christentum genau gleich: das übliche praktische und kirchliche Christentum aller Konfessionen ist ebenso eine oberflächliche Notanpassung, mit der sich zur Not das Leben leben läßt. Die tiefern, ernstlichern, wahrhaftig geistigen Disziplinen, Übungen und Erlösungen, deren christlicher Geist fähig ist, sind nie in der ›Welt‹ gelebt worden, sondern auch hier nur von den Heiligen und denen, die dazu unterwegs waren, den Mönchen. Das alte Mönchtum, auf dem Sinai und in der Thebais, ist fast ebenso hochkultiviert geistig, wie das indische und ist ihm im Grund sehr nah verwandt.

Unser Leiden ist, daß wir ja gern jenen Weg gingen, aber nicht mehr können, daß die ›Welt‹ uns nicht nur mit Lüsten und Egoismen, sondern auch mit Pflichten und eingegangenen Verpflichtungen festhält. Die müssen wir entweder überwinden oder sie eben anerkennen und ihnen so gut wie möglich nachleben. Der Vollkommene und Heilige ist etwas, was sehr selten erreicht wird, auch unter Mönchen, und wenn er auch als Ideal über uns steht, muß doch im Leben unser nächstes Ziel immer die möglichste augenblickliche Harmonie sein, die nie ganz erreicht und immer wieder verloren wird, aber auch immer wieder zu finden ist. Sie bleibend zu haben, halte ich im Weltleben nicht für möglich.«[8] Hier sieht man, daß Hesse vom Erlösungsweg durch Christus, den die Bibel als einzigen Weg

---

[7] Brief vom 23. 3. 1921. G.B. I, S. 468.
[8] G.B. I, S. 471–472.

zu Gott darstellt, nicht durchdrungen und überzeugt ist, sondern eigenes Streben und Bemühen bei der Frage ums Seelenheil in den Vordergrund stellt.

Hesse faßt diese Einstellung in einem Brief vom 5. Februar 1923 an Berthli Kappeler zusammen, die es befremdet hat, daß sein Suchen nach Gott in seinem im Oktober 1922 erschienenen *Siddhartha* in indischer Form geschehen ist: »Das ist schwerer zu beantworten. Ich will es dennoch versuchen, weil ich hinter ihren Fragen den Ernst spüre. Also bekenne ich Ihnen kurz (aber bloß als Antwort auf Ihre ganz persönliche Frage, nicht zur Diskussion für Ihre Kolleginnen und deren geistreiche Gesellschaftsspiele): Es gibt natürlich bloß einen Gott, bloß eine Wahrheit, die jedes Volk, jede Zeit, jeder Einzelne auf seine Art aufnimmt, für die immer neue Formen entstehen. Eine der schönsten und lautersten Formen ist gewiß die des Neuen Testaments, worunter ich eigentlich nur die Evangelien verstehe, weniger die Paulinischen Briefe. Ich halte einige Sprüche des Neuen Testaments, neben einigen von Lao Tse und einigen von Buddha und den Upanishaden, für das Wahrste, Konzentrierteste, Lebendigste, was auf Erden erkannt und gesagt worden ist. Dennoch ist mir der christliche Weg zu Gott verbaut gewesen, durch eine strengfromme Erziehung, durch die Lächerlichkeit und Zänkerei der Theologie, durch die Langeweile und gähnende Öde der Kirche, und so weiter. Ich suchte also Gott auf anderen Wegen, und fand bald den indischen, der mir von Hause aus nahe lag, denn meine Vorfahren, Großvater, Vater und Mutter hatten nahe und innige Beziehungen zu Indien, sprachen indische Sprachen, etc. Später fand ich auch den chinesischen Weg durch Lao Tse, was für mich das befreiendste Erlebnis war. Natürlich war ich daneben und zugleich nicht minder intensiv durch moderne Versuche und Probleme beschäftigt, durch Nietzsche, durch Tolstoi, durch Dostojewski, das Tiefste aber fand ich in den Upanishaden, bei Buddha, bei Konfuzius und Lao Tse, und dann auch, als meine alte Aversion gegen die speziell christliche Form der Wahrheit allmählich nachließ, auch im Neuen Testament. Dennoch blieb ich dem indischen Weg treu, obwohl ich ihn nicht für besser als den christlichen halte. Ich tat es, weil mir die christliche Anmaßung, die Monopolisierung Gottes, das Alleinrechthabenwollen, das mit Paulus beginnt und durch die ganze christliche Theologie geht, zuwider war, und auch, weil die Inder weit bessere, praktischere, klügere und tiefere Formen des Wahrheitssuchens, mit Hilfe der Yogamethoden, wissen.

Damit ist Ihre Frage beantwortet. Ich halte indische Weisheit nicht für besser als christliche, ich empfinde sie nur als ein wenig spiritueller, etwas weniger intolerant, etwas weiter und freier. Das kommt davon her, daß die christliche Wahrheit mir in der Jugend in unzulänglichen Formen aufgedrängt wurde. Dem Inder Sundar Singh ging es genau umgekehrt: ihm wurde indische Lehre aufgedrängt, er fand dort in Indien die herrliche alte Religion entstellt und entartet, so wie ich hier die christliche, und er wählte das Christentum, d.h. er wählte nicht, sondern er wurde einfach überzeugt, erfüllt und überwältigt vom Liebesgedanken Jesu, so wie ich vom Einheitsgedanken der Inder. Für andre Menschen führen andre Wege zu Gott, ins Zentrum der Welt.«[9]

In dem Unterschied zwischen dem »Liebesgedanken Jesu«, dessen stellvertretender Opfertod am Kreuz die Erlösung des Menschen erst ermöglicht, und dem »Einheitsgedanken der Inder«, der zum Gotteserlebnis führen könne, zeigt sich die religiöse Haltung Hesses. Da für ihn die Rolle Christi aufgrund früherer Erfahrungen nicht die ausschlaggebende sein kann, beschäftigt er sich mit östlichen Religionen, die seiner Lebensauffassung und seinen persönlichen anspruchsvollen Bedürfnissen mehr entsprechen und von denen er dasselbe Resultat, nämlich das Erleben Gottes, erhofft: »Das Erlebnis selbst aber ist stets das Gleiche. Der Mensch, der die Wahrheit zu ahnen beginnt (auch in ihm kommt zuerst ›alles durcheinander‹ wie bei Ihnen), der das Wesentliche des Lebens ahnt und ihm näherzukommen sucht, der erlebt, sei es nun in christlichem oder andrem Gewand, unfehlbar die Wirklichkeit Gottes, oder wenn Sie wollen des Lebens, von dem wir Teile sind, dem wir widerstreben oder dem wir uns hingeben können, ohne das aber der Erwachte nicht mehr leben kann oder will. Für stark intellektuelle Menschen bestehen diese Erlebnisse zum Teil in Gedanken, in Erkenntnissen, doch auch dies ist keine notwendige Form, es kann auch völlig ohne Denken und Erkennen vor sich gehen, indem einfach das Leben selbst uns bildet, daß wir immer mehr das Vollkommene, Heilige und Ewige suchen, und gegen die Werte und Wirklichkeiten der andern, sogenannt alltäglichen Welt immer gleichgültiger werden.«[10]

Warum Hesse kein Christ geworden ist, erklärt er in einem Brief an Stefan Zweig vom 10. Februar 1923: »Von mir aus gesehen, würde mein Weg etwa so lauten: In der frühen Jugend gelang es mir nicht, aus Trotz gegen Elterliches, innerhalb der religiös-geistigen Welt, in

---

[9] G.B. II, S. 50–51.
[10] G.B. II, S. 51.

der ich aufwuchs, mich zu entwickeln, d.h. auf meine Art und ohne Verlust meiner Persönlichkeit ein Christ zu werden. Dagegen war es leicht, ein Dichter zu werden, und so blieb mir die Poesie lange Jahre hindurch ein Paradies, in das ich die Konflikte meines persönlich-geistigen Lebens nie ganz herein ließ.«[11] Außerdem bemerkt er in seiner Beziehung zur indischen Religion, daß sie früher für ihn sehr wichtig war, aber jetzt an Bedeutung verloren hat: »Schon sehr früh wandte ich mich indischen Studien zu, auch indischen Lebensmethoden und fand innerhalb indischer und chinesischer Bildersprache meine Religion, d.h. die, die mir in Europa zu fehlen schien. Daß sie im ›Siddhartha‹ noch indisch gekleidet geht, heißt nicht, daß das Indische daran mir noch wichtig sei, aber erst, als eben dies Indische anfing, mir nicht mehr wichtig zu sein, wurde es für mich darstellbar, wie ich denn immer das darstellbar finde, was im Leben gerade von mir Abschied nimmt und weggeht.«[12] Dies bestätigt, daß Hesse auf geistlichem Gebiet auch in diesem Zeitabschnitt immer noch ein Suchender und Wanderer geblieben ist.

Doch zurück zu den Lebensverhältnissen. Nach längeren Verhandlungen wurde die Ehe mit Mia am 23. Juni 1923 geschieden, und Hesse konnte Ruth Wenger ein halbes Jahr später, am 11. Januar 1924, heiraten. Wie Hesse an Helene Welti im Januar 1924 vom Hotel Krafft in Basel schrieb, mußte er noch manche Schwierigkeiten vor der Hochzeit bewältigen: »Ich bin schon lange in Basel, schon viele Wochen, leider stets bei schlechter Gesundheit mit viel Schmerzen, besonders die letzte Zeit war, da meine Braut über Weihnacht und noch bis Ende dieser Woche zu ihren Eltern heim gefahren ist, etwas drückend. Dazu kam, daß ich seit Monaten von allen Behörden wegen der Heiratslizenz chikaniert und angeödet wurde – von der dummen, nutzlosen, häßlichen Tyrannei dieser Kanzleien macht man sich keinen Begriff, außer während man grade mit ihnen zu tun hat. Nun ist es, wie es scheint, so weit, daß ich bald mich trauen lassen kann. Mein Leben wird sich dadurch zunächst nicht ändern, ich bleibe wohl bis zum Frühling hier und gehe dann wieder nach Montagnola, meine Frau wird dann wohl einen Teil des Sommers im Tessin sein, und übers Jahr komme ich wohl wieder für den Winter in die Stadt, solange das Studium bei ihr noch

---

[11] G.B. II, S. 52.
[12] G.B. II, S. 52.

dauert.«[13] Diesen Entschluß, über den Winter in Basel zu bleiben, hat er ausgeführt.

Kurz nach der Hochzeit schrieb Hesse am 17. Februar 1924 Carl Seelig über sein neues, aber leider auch etwas kompliziertes Leben mit Ruth: »Ich bin nun schon mehrere Wochen verheiratet, und habe fast den ganzen Winter in der Stadt verbracht, allerdings ohne eigentlich anders zu leben als ich es sonst auch tat, ich lief ziemlich unberührt und unsichtbar in den Gassen herum, und lebte ebenso abgeschlossen wie ich es gewohnt war. Meine Frau ist Sängerin, noch Schülerin, aber schon ziemlich weit, mit einem schönen hohen Sopran, hauptsächlich auf Mozart eingestellt. Es ist nun mein praktisches Problem, der schon etwas alternde Mann einer noch ganz jungen Frau zu sein, das bringt allerlei Neues, Angenehmes und auch Schwieriges, und fordert manche Anpassung und Änderung von mir. Einen gemeinsamen Haushalt führen wir nicht, ich werde im Frühling wieder nach Montagnola gehen und allein dort leben, von kürzeren Besuchen abgesehen. Mit der Zeit hoffen wir den Stil und die Praxis für unsre Ehe zu finden.«[14] Wie »dieser Stil und die Praxis« aussahen, schilderte er Alice Leuthold in einem Brief im Dezember 1924: »Also ich habe in Basel, nah beim St. Johannstor, eine nette stille Mansardenstube für diesen Winter, den ich auf Befehl der gnädigen Frau wieder in Basel zuzubringen habe. Ich wohne in meiner Klause, Ruth in ihrer, das heißt im Hotel Krafft, und den Tag über gehen wir unsern ernsthaften Geschäften nach, ich namentlich in der Universitätsbibliothek, wo ich fast täglich sitze und arbeite, trotz ganz verfluchter Augenschmerzen. Und am Abend erscheine ich dann im Appartement der Frau Hesse, finde irgendetwas zum Abendessen bereit, und dann bringen wir den Abend miteinander zu, in Gesellschaft der Katze, des Hundes und des Papageis Koko, der mein Freund ist und mich sehr ans Haus fesselt. Dann gehe ich im Nachtnebel wieder den Rhein entlang in mein Quartier.«[15]

Als Ruth am 1. Januar 1925 an Tuberkulose erkrankte, wurde die Ehe einer neuen Prüfung unterzogen. Sie kam zur Kur nach Carona mit der Prognose, »[. . .] daß sie im günstigsten Fall nach einem Jahr geheilt sein kann.«[16] Zusätzlich zu dieser Belastung, mußte sich Hesse auch noch um Mia und seinen Sohn Heiner kümmern, weil

---

[13] G.B. II, S. 78.
[14] G.B. II, S. 82.
[15] G.B. II, S. 95.
[16] Brief an seine Schwester Adele vom 25. 5. 1925. G.B. II, S. 110.

sich ihr Zustand wieder verschlechtert hatte. Am 4. Juni 1925 schrieb er fast verzweifelt an seine Frau Ruth: »Vor einer Stunde habe ich an der Bahn meinen kleinen Martin verabschiedet, er ist mit seinem Rucksäckchen abgereist, zu Bekannten bei Bern, und ist wieder für eine bestimmte Zeit heimatlos, denn seine Mutter ist wieder geisteskrank, und zwar noch schlimmer als früher, sie hatte sogar entsetzliche Tobsuchtsanfälle. Die Familientragödie, in die ich hier hineinsehe und zum Teil mit hineingezogen werde, ist ganz grauenhaft: der älteste Bruder hat sich das Leben genommen, der andere Bruder ist darüber verrückt geworden und in der Friedmatt untergebracht, und Mia hat inzwischen, in ganz kurzer Zeit, durch ihren Zustand ihre ganze Umgebung (ihre Pflegerin, den Buben, ihre Mieter etc. etc.) ebenfalls halb toll gemacht. Gestern tat mein Kommen ihr gut, und ich konnte richtig mit ihr reden, aber nachher, besonders durch den Abschied von dem Buben, wurde sie wieder furchtbar aufgeregt, und die Pflegerin fürchtet, nimmer mit ihr fertig zu werden. Ich habe jetzt die Sorge für sie und den Buben wieder allein auf mir, da ja ihr Bruder selber schwer krank ist, und falls Mia in eine Anstalt gebracht werden müßte, ist auch niemand da, der nach ihrem Haus sieht, das voll von Pensionären ist. Auch wenn ich gar keine anderen Sorgen hätte und selber gesund wäre, würde es genügen, um einen aufzuzehren. [. . .] Liebe Ruth, zwischen diesen Dingen und Gedanken drin sind meine Gedanken immerzu auch noch bei Dir und bei Deiner Krankheit, hinter welcher Du mir nun noch um 100 Meilen ferner gerückt bist. Ich sehe keinen Weg, ich sehe nur: es muß ausgefressen werden.«[17]

Sechs Monate später gab es wieder erfreulichere Nachrichten. Hesse, der am 19. Dezember 1925 in sein neues Winterquartier in Zürich eingezogen war, schrieb Eugen Link am 4. Januar 1926: »Über Neujahr war meine Frau schnell da, da sie ohnehin unterwegs war. Sie kam, jung, hübsch, elegant, roch entzückend, und so hatte ich denn für einen Tag wieder eine Frau, oder wenigstens eine Geliebte, bis ich sie wieder zur Bahn brachte. Sie wird im Frühling mit ihrer Kur in Arosa fertig, ist eigentlich schon geheilt, und läßt sich dann, wie sie mir mitteilte, dauernd in Basel nieder, wo sie schon mit dem Mieten einer kleinen Wohnung für sich beschäftigt ist. Es

---

[17] G.B. II, S. 112–113. Hesses Sohn Martin war damals 14 Jahre alt. Er war seit 1914 bei Hesses Freunden Alice und Martha Ringier in Pflege gewesen. G.B. II, S. 113, Anm. 1 u. S. 115, Anm. 2. Am 11. 6. 1925 war Mia erneut in die Heilanstalt Mendrisio eingewiesen worden. Dort blieb sie bis August. G.B. II, S. 114, Anm. 1.

war mir ganz komisch, den netten kleinen Schmetterling so wieder davonflattern zu sehen, ich habe zu Schmetterlingen und anderen flüchtigen und vergänglichen Schönheiten immer ein Verhältnis gehabt, während dauernde, feste und sogenannte solide Beziehungen mir nie geglückt sind.«[18]

Auch das Verhältnis zu Ruth konnte unter diesen Umständen nicht von Dauer sein. Am 22. Dezember schrieb er seiner Schwiegermutter: »Ich glaube nicht, daß diese Verwandtschaft immer bestehen wird – Ruth hat mich ja schon seit anderthalb Jahren vollkommen stehen lassen. Und ich glaube, und hoffe sogar, daß Ruth gesund und jung genug ist, um sich beizeiten noch richtig in einen Mann zu verlieben – in einen, für den sie auch wirklich etwas zu tun und zu sein entschlossen ist. Ich werde es ihr dann nicht erschweren, frei zu werden.«[19]

Diese Vorahnung erfüllte sich fast zusehends. Als Hesse im Januar 1927 einen Scheidungsbrief von Ruth erhielt, war er sehr niedergeschlagen: »Ich lebe seit Monaten in einer Welle von Not, in einem Andrang von Altwerden und Zusammenbruch, die mich gegen alles von außen Kommende wehrlos macht. Als ich mir neulich wieder einen Zahn ziehen lassen mußte, hatte ich das gleiche Gefühl wie beim ersten Lesen Deines Scheidungsbriefes: die Ratten verlassen das Schiff.«[20] Hesse, der zu dieser Zeit unter großem Zeitdruck den Prosa-Steppenwolf fertig gemacht und Erziehungsprobleme mit seinem Sohn Heiner hatte, war über diese Hiobsbotschaft überrascht. Vier Monate später reagierte er aber viel besonnener und akzeptierte das Unvermeidliche: »Liebe Ruth! Du hast vollkommen recht. Da ich seinerzeit, wenn auch schwer genug, darein gewilligt habe, mit Dir eine Schein-Ehe einzugehen, und jetzt wieder eingewilligt habe, diese Ehe aus beliebigen Scheingründen zu scheiden, war es unklug von mir, mich über Deine Klageschrift aufzuregen. Ich kann Dich nur bitten, auch das zu bedenken, daß ich sowohl in die damaligen Heiratsformalitäten wie in die jetzigen Scheidungsformalitäten nur sehr ungern und einzig aus Rücksicht auf Dich gewilligt habe. Sieh aus beidem, daß ich es mit Dir doch nicht bloß böse gemeint habe, und Du wirst leichter an mich denken können.«[21] Kurz nach dieser Einwilligung wurde die Ehe, die »ohne wesentliches Verschulden der

---

[18] G.B. II, S. 127.
[19] G.B. II, S. 158.
[20] Brief vom 17. 1. 1927. G.B. II, S. 161.
[21] Brief an seine Frau Ruth vom 23. 4. 1927. G.B. II, S. 173–174.

einen oder der anderen Seite unheilbar zerrüttet«[22] wäre, am 2. Mai 1927 geschieden. Joseph Mileck, der diese Ehe »Hesses zweiten Fehlschlag« auf diesem Gebiet nennt, erklärt die Gründe, warum Mia und Ruth als Ehefrauen nicht zu einer Persönlichkeit wie Hesse paßten: »Maria war zu alt und in ihrem Denken und Verhalten Hesse gegenüber zu festgefahren gewesen. Ruth dagegen war zu unreif und zu launenhaft. Wie Maria war auch Ruth sehr selbstbezogen und ungewöhnlich empfindlich, wenn sie nicht genügend Beachtung fand, dazu eigensinnig und nicht ohne Bosheit. Ein abermaliger Zusammenstoß zweier Persönlichkeiten war unvermeidlich. Daß sie außerdem Sängerin mit starken Karriereabsichten war, machte es noch schwerer. Dazu kamen ihre schwache Gesundheit und emotionale Labilität, die durch die Ehe noch erheblich verschlimmert wurde. Das Leben mit Hesse wurde für sie bald zu einer physischen und psychischen Qual. Am Rande eines Nervenzusammenbruchs, außerdem, wie sich später herausstellte, an Lungentuberkulose leidend, kehrte Ruth zunächst zu ihren Eltern zurück und wurde dann in ein Sanatorium gebracht. Ihre Genesung ging langsam voran und fast zwei Jahre lang erlitt sie Rückfälle. Sie mußte wiederholt ins Krankenhaus gebracht werden. Hesses eifrige Bemühung um eine Versöhnung waren vergebens.«[23]

Wiederum hatten sich Hesses Vorahnung und Überzeugung, daß er als Dichter nicht zur Heirat tauge, bestätigt. Sein Leben war ihm zur großen Last geworden, und er sah vorerst keinen Ausweg aus dieser größten Krise seines Lebens. Inwieweit in seinem Verhältnis zu Ruth das Christentum eine Rolle gespielt hat, ist schwer zu sagen, weil er keine Äußerungen darüber gemacht hat. Aufgrund der problematischen und zum Teil negativen Beziehung zu ihr hat es jedoch den Anschein, daß dieses Thema in dieser Ehe nicht sehr wichtig gewesen ist.

---

[22] Volker Michels (Hrsg.), Materialien zum *Steppenwolf*, Frankfurt a.M.: Suhrkamp, 1979. (= suhrkamp taschenbuch 53) »Aus dem Urteil des Zivilgerichts des Kantons Basel-Stadt 27. 4. 1927«, S. 115.
[23] J.M.H., S. 129.

## VI. Läuterung und Hingabe – Dritte Ehe mit Ninon Dolbin (1932–1962) in Montagnola

### 1. Bekanntschaft und Heirat. Annäherung an das Christentum in den dreißiger und vierziger Jahren (1926–1949)

Hesse begegnete Ninon Dolbin im Winter 1926 in Zürich. Sie war jüdischer Abstammung und am 18. September 1895 in Czernowitz in Polen geboren. Von 1917–1925 studierte sie Kunstgeschichte und Archäologie in Wien, Berlin und Paris und heiratete B.F. Dolbin am 7. November 1918. Schon ein Jahr später trennte sie sich von ihm und ließ sich nach vergeblichen Versöhnungsversuchen am 10. September 1931 von ihm scheiden.[1] Sie begegnete Hesse, in dem sie schon als Mädchen den Dichter bewunderte, zum ersten Mal im Sommer 1923 in Montagnola und bezog im April 1927 in der Casa Camuzzi eine Wohnung neben ihm. Dort zeigte sie so viel Verständnis für die Problematik seiner schwierigen Lebensverhältnisse und Anforderungen seines dichterischen Schaffens, daß er trotz der verständlichen Vorbehalte einer dritten Ehe mit ihr zustimmte. Nach ihrem Umzug im Oktober in ein neues Haus, das ihm der Arzt Hans C. Bodmer auf Lebzeiten zur Verfügung gestellt hatte, heirateten sie am 14. November 1931.[2]

Wie Hesse über diese Heirat dachte, schrieb er Alfred Kubin Ende März 1932: »Zweitens ist meine Heirat nichts andres als was bei mir eben eine Heirat sein kann: ein Akt der Ergebung nach langem Sträuben, eine Gebärde des Nachgebens und Fünfe-grade-sein-Lassens der Frau gegenüber. Immerhin, ich bin dieser Frau dafür dankbar, daß sie mich an der Grenze des Alters noch einmal in Versuchung geführt und zu Fall gebracht hat, daß sie mein Haus führt und mich mit leichten bekömmlichen Sachen füttert, da ich meistens krank bin. Aber zwischenhinein fühle ich doch den Zustand des Wohlergehens als kläglich, und stünde lieber nackt im Regen.«[3]

---

[1] Gisela Kleine, *Zwischen Welt und Zaubergarten*, Frankfurt a.M.: Suhrkamp, 1988. S. 524–526. (Im folgenden zitiert als G.K.)
[2] F.P.H., S. 101.
[3] G.B. II, S. 330.

Trotz dieser Bedenken ist es aber gerade Ninon, die seinem Leben einen neuen Halt gibt: »Endlich, 1931, findet er in Ninon Dolbin, den Lebenspartner, der seinen Konflikt zwischen werkorientiertem Isolierungsbedürfnis und persönlicher Zuwendung, zwischen Objektivität und Subjektivität, zwischen Kreativität und Alltag zu tolerieren und vereinbaren versteht.«[4]

Diese Hilfestellung war nach dem Scheitern der zweiten Ehe überaus wichtig für Hesse, der mit Selbstmordgedanken gekämpft hatte. Er hatte diese böse Zeit im *Steppenwolf*, der 1927 bei Fischer erschienen, dargestellt. Seine Niedergeschlagenheit und Verzweiflung am Leben hatte sich nach Gisela Kleine auf alle Lebensbereiche niedergeschlagen: »Ninon hatte Hesse bei einem Besuch im Frühjahr 1924 in einer Krisenstimmung angetroffen. Fragwürdig erschien ihm Sinn und Wert seines Außenseitertums, fragwürdig seine dichterische Sendung, fragwürdig der Lebensverzicht für sein Werk, fragwürdig der Literaturbetrieb überhaupt und fragwürdig auch das eigene Weiterleben.«[5]

Fast zwei Jahre später war die tiefe Krise, die auch sein Verhältnis zum Christentum bestimmte, noch nicht überwunden. Am 31. Dezember 1926 schrieb er der tief religiösen katholischen Emmy Ball-Hennings, die ihm ihr neues Buch *Der Gang zur Liebe* gesandt hatte: »Das Ganze des Buches aber, seine Stimmung und seinen Glauben zu teilen, bin ich zur Zeit nicht fähig. Sie wissen noch, daß ich vor einem Jahre einmal etwas verstimmt über Euch war, als ich Euch mehrmals in Briefen einiges von meiner Verzweiflung mitgeteilt hatte, und Sie darauf gar nicht oder mit dem freundlichen Hinweis darauf antworteten, daß die Madonna mir schon helfen werde. Ich war wütend über diese billige Madonna. Und etwas ähnlich geht es mir auch jetzt. Ich mache meinen ›Steppenwolf‹ fertig, die Abschrift für den Verleger, das hält mich für den Augenblick zusammen, und wenn ich damit fertig bin, hoffe ich, die Courage zu finden und mir den Hals durchzuschneiden, denn das Leben ist mir unerträglich, und das äußert sich auch in beständigem körperlichem Wehgefühl. Liebe Emmy, ich blicke in die liebe Heiligen- und Glaubenswelt Ihres Buches hinüber wie ein verhungerter Arbeitsloser am Sylvesterabend in das Schaufenster eines eleganten Blumenladens blickt. In der Tat, alle diese hübschen luxuriösen Blumen existieren, und alle diese hübschen sympathischen Götter und Heiligen werden in mar-

---

[4] Nachwort von Volker Michels, G.B. II, S. 514.
[5] G.K., S. 168.

mornen Kirchen von einem großen Heer von bezahlten Priestern verehrt und täglich abgestaubt – aber für den, dem der Wind um die Ohren pfeift, sind diese lieben holden Götter eben doch bloß hübsche Bilder, und die Welt wird nicht vom Heiland regiert, sondern vom Teufel, und das Leben ist kein Gottesgeschenk, sondern eine unerträgliche Qual und Schweinerei.«[6]

Daß Hesse das Leben bei seiner nervenzerreißenden und alles in Frage stellenden Intensität und kompromißlosen Persönlichkeit als qualvoll und unerträglich findet, ist verständlich. Da er als wahrhaft Suchender aber auch kein einfaches und bejahendes Weltkind sein kann, ist ihm die irdische Welt zur Hölle geworden. Hermine, die das seelische Ebenbild des Harry-Hesse darstellt und ihn besser versteht als irgendein anderer Mensch, analysiert seine Problematik in tiefen Gesprächen im *Steppenwolf*: »Du bist für diese einfache, bequeme mit so wenigem zufriedene Welt von heute viel zu anspruchsvoll und hungrig, sie speit dich aus, du hast für sie eine Dimension zuviel. Wer heute leben und seines Lebens froh werden will, der darf kein Mensch sein wie du und ich. Wer statt Gedudel Musik, statt Vergnügen Freude, statt Geld Seele, statt Betrieb echte Arbeit, statt Spielerei echte Leidenschaft verlangt, für den ist diese hübsche Welt hier keine Heimat ...«[7]

Auf die Frage Harrys, ob Hermine mit dem Ausdruck Ewigkeit den Ruhm bei der Nachwelt meine, erklärt sie ihm, was sie sich darunter vorstellt: (...) »Aber das, was ich Ewigkeit nenne. Die Frommen nennen es Reich Gottes. Ich denke mir: wir Menschen alle, wir Anspruchsvolleren, wir mit der Sehnsucht, mit der Dimension zuviel, könnten gar nicht leben, wenn es nicht außer der Luft dieser Welt auch noch andre Luft zu atmen gäbe, wenn nicht außer der Zeit auch noch die Ewigkeit bestünde, und die ist das Reich des Echten. Dazu gehört die Musik von Mozart und die Gedichte deiner großen Dichter, es gehören die Heiligen dazu, die Wunder getan, die den Märtyrertod erlitten und den Menschen ein großes Beispiel ge-

---

[6] G.B. II, S. 159–160. Die Schriftstellerin Emmy Ball-Hennings war die Gattin des Schriftstellers Hugo Ball, der die erste Hesse-Biographie verfaßt hat und es gern gesehen hätte, wenn sein Freund Katholik geworden wäre. Am 23. 7. 1925 schrieb Hesse ihm: »Ich halte es nicht für wahrscheinlich, daß ich noch Katholik werden kann, ich werde im Jammer eines Lebens ohne Sinn, Zentrum und Gemeinschaft weiterleben und denke mir, daß auch das Zu-Ende-Leiden der ›sinnlosesten‹ Leiden schließlich irgendwie in Gottes Sinn sein muß.« Dieser Auffassung ist er dann auch treu geblieben und ist nie Katholik geworden. G.B. II, S. 116.
[7] G.W. 7, S. 341.

geben haben. Aber es gehört zur Ewigkeit ebenso das Bild jeder echten Tat, die Kraft jedes echten Gefühls, auch wenn niemand davon weiß und es sieht und aufschreibt und für die Nachwelt aufbewahrt. Es gibt in der Ewigkeit keine Nachwelt, nur Mitwelt.«

»Du hast recht«, sagte ich.

»Die Frommen«, fuhr sie nachdenklich fort, »haben doch am meisten davon gewußt. Sie haben darum die Heiligen aufgestellt und das, was sie ›die Gemeinschaft der Heiligen‹ heißen. Die Heiligen, das sind die echten Menschen, die jüngeren Brüder des Heilands. Zu ihnen unterwegs sind wir unser Leben lang, mit jeder guten Tat, mit jedem tapferen Gedanken, mit jeder Liebe. Die Gemeinschaft der Heiligen, die wurde in früheren Zeiten von den Malern dargestellt in einem goldenen Himmel, strahlend, schön und friedevoll – sie ist nichts andres als das, was ich vorher die *Ewigkeit* genannt habe. Es ist das Reich jenseits der Zeit und des Scheins. Dorthin gehören wir, dort ist unsre Heimat, dorthin strebt unser Herz, Steppenwolf, und darum sehnen wir uns nach dem Tod. Dort findest du deinen Goethe wieder und deinen Novalis und den Mozart, und ich meine Heiligen, den Christoffer, den Philipp von Neri und alle. Es gibt viele Heilige, die zuerst arge Sünder waren, auch die Sünde kann ein Weg zur Heiligkeit sein, die Sünde und das Laster. Du wirst lachen, aber ich denke mir oft, daß vielleicht auch mein Freund Pablo ein versteckter Heiliger sein könnte. Ach Harry, wir müssen durch so viel Dreck und Unsinn tappen, um nach Hause zu kommen! Und wir haben niemand, der uns führt, unser einziger Führer ist das Heimweh!«[8]

Gerade im letzten Satz zeigt sich der Unterschied zwischen dem bekehrten Christen, dem Christus der alleinige Führer zur ewigen Heimat ist, und dem unabhängigen Harry-Hesse, der führerlos nur vom Heimweh nach dieser besseren Welt erfaßt ist, ohne sie aber je aus eigener Kraft finden zu können. Hesses tiefe Depression und sein starker Lebensüberdruß nahmen aber unter dem Einfluß Ninons, die ja schon seit April 1927 in der Casa Camuzzi neben Hesse gewohnt hatte, bedeutend ab.

Bei Hesses 50. Geburtstag am 2. Juli 1927 hatte Ninon viele seiner Freunde kennengelernt und auch Kontakt zu Mia, die in Ascona lebte, und seinen Söhnen aufgenommen. In den kommenden Jahren versuchte sie soviel wie möglich, ihm über seine äußeren und inneren Schwierigkeiten hinwegzuhelfen, stieß dabei aber auf Grenzen, die sie endlich widerstrebend akzeptieren mußte: »Ninon litt vor al-

---

[8] G.W. 7, S. 343–344.

lem unter dem Gefühl, gegenüber Hesses werkbezogener Lebens- und Liebesabwehr machtlos zu sein. ›Arbeiten heißt für ihn *bereit sein*, der Stimme in sich zu horchen, leiden und lauschen‹, erklärte sie einer Bekannten. ›Ich darf ihm nicht raten und auch nicht helfen, ich muß mit ihm leiden, und ich gestehe Ihnen, daß ich mich oft dagegen sträube. Denn ich habe keine Kinder und habe keine Kinder haben wollen und weiß genau, um was ich mich dabei gebracht habe, aber ich habe es getan und stehe dazu.‹ Sie habe Hesse nicht mit einer neuen Familie belasten wollen, zumal er seine drei Söhne aus erster Ehe mit Besorgnis liebe. ›Wer am meisten dabei zu kurz kommt, bin ich – denn für mich bleibt oft gar nichts mehr übrig, weder Zeit noch gute Laune. Ich bin der Alltag und gehöre zu H. wie der Rheumatismus, die Augenschmerzen und anderes. Das mag ehrenvoll sein, es ist aber oft kaum zu ertragen.‹«[9] Mit viel Opfer und Geduld gewöhnte sie sich langsam an den schwierigen Lebensstil Hesses und schuf ihm durch ihre Fürsorge und opferbereite Liebe in den 31 Jahren ihrer Ehe eine bessere Grundlage zum Weiterleben und zu erneuter Kreativität.

Wie Hesse in den dreißiger Jahren zum Christentum stand, drückte er hauptsächlich in Betrachtungen und einer immer umfangreicheren Korrespondenz aus. In der Betrachtung *Ein Stückchen Theologie* (1932) spricht er von den »drei Stufen der Menschwerdung«, die sich als Unschuld, Schuld und Glauben manifestieren:

»Der Weg der Menschwerdung beginnt mit der Unschuld (Paradies, Kindheit, verantwortungsloses Vorstadium). Von da führt er in die Schuld, in das Wissen um Gut und Böse, in die Forderungen der Kultur, der Moral, der Religionen, der Menschheitsideale. Bei jedem, der diese Stufe ernstlich und als differenziertes Individuum durchlebt, endet sie unweigerlich mit Verzweiflung, nämlich mit der Einsicht, daß es ein Verwirklichen der Tugend, ein völliges Gehorchen, ein sattsames Dienen nicht gibt, daß Gerechtigkeit unerreichbar, daß Gutsein unerfüllbar ist. Diese Verzweiflung führt nun entweder zum Untergang oder aber zu einem dritten Reich des Geistes, zum Erleben eines Zustandes jenseits von Moral und Gesetz, ein Vordringen zu Gnade und Erlöstsein, zu einer neuen, höheren Art von Verantwortungslosigkeit, oder kurz gesagt: zum Glauben. Einerlei welche Formen und Ausdrücke der Glaube annehme, sein Inhalt ist jedesmal derselbe: daß wir wohl nach dem Guten streben sollen, soweit wir vermögen, daß wir aber für die Unvollkommenheit

[9] G.K., S. 279.

der Welt und für unsere eigne nicht verantwortlich sind, daß wir uns selbst nicht regieren, sondern regiert werden, daß es über unsrem Erkennen einen Gott oder sonst ein ›Es‹ gibt, dessen Diener wir sind, dem wir uns überlassen dürfen.

Dies ist europäisch und beinah christlich ausgedrückt. Der indische Brahmanismus (der, wenn man seine Gegenwelle, den Buddhismus, miteinrechnet, wohl das Höchste ist, was die Menschheit an Theologie geschaffen hat) hat andere Kategorien, die sich aber ganz gleich deuten lassen. Dort geht die Stufenfolge etwa so: der naive Mensch, beherrscht von Angst und Begierde, sehnt sich nach Erlösung. Mittel und Weg dazu ist Yoga, die Erziehung der Beherrschung der Triebe. Einerlei ob Yoga als ganz materielle und mechanische Bußübung betrieben wird oder als höchster geistiger Sport – stets bedeutet es: Erziehung zur Verachtung der Schein- und Sinnenwelt, Besinnung auf den Geist, den Atman, der uns innewohnt und der eins ist mit dem Weltgeist. Yoga entspricht genau unserer zweiten Stufe, es ist Streben nach Erlösung durch Werke. Es wird vom Volke bewundert und überschätzt, der naive Mensch neigt immer dazu, im Büßer den Heiligen und Erlösten zu sehen. Yoga ist aber nur Stufe und endet mit Verzweiflung. Die Buddhalegende (und hundert andre) stellt dies in deutlichen Bildern dar. Erst indem Yoga der Gnade weicht, indem es als Zweckstreben, als Beflissenheit, als Gier und Hunger erkannt wird, indem der aus dem Traum des Scheinlebens Erwachende sich als ewig und unzerstörbar, als Geist vom Geiste, als Atman erkennt, wird er unbeteiligter Zuschauer des Lebens, kann er beliebig tun oder nichttun, genießen oder entbehren, ohne daß sein Ich mehr davon berührt wird. Sein Ich ist ganz zum Selbst geworden. Dies ›Erwachtsein‹ der Heiligen (gleichbedeutend mit dem ›Nirwana‹ Buddhas) entspricht unserer dritten Stufe. Es ist, wieder in etwas anderer Symbolik, eben derselbe Stufengang bei Lao Tse zu finden, dessen ›Weg‹ der Weg vom Gerechtigkeitsstreben zum Nichtmehrstreben, von der Schuld und Moral zum Tao ist, und für mich hängen die wichtigsten geistigen Erlebnisse damit zusammen, daß ich allmählich und mit Jahren und Jahrzehnten der Pausen, im Wiederfinden derselben Deutung des Menschendaseins bei Indern, Chinesen und Christen die Ahnung eines Kernproblems bestätigt und überall in analogen Symbolen ausgedrückt fand. Daß mit dem Menschen etwas gemeint sei, daß Menschennot und Menschensuchen zu allen Zeiten auf der ganzen Erde eine Einheit sei, wurde mir durch nichts so bestätigt wie durch diese Erlebnisse. Dabei ist es gleichgültig, ob wir, wie viele Heutige, den religiös-philosophischen Ausdruck menschlichen Denkens und Erlebens als den einer veralteten, heute überwundenen Epoche betrachten. Was ich hier »Theologie« nenne, ist meinetwegen zeitgebunden, ist meinetwegen Produkt eines Stadiums der Menschheit, das einmal überwunden und vergangen sein wird. Auch die Kunst, auch die Sprache sind vielleicht Ausdrucksmittel, welche nur bestimmten Stufen der Menschengeschichte eigen sind, auch sie mögen überwindbar und ersetzbar sein. Auf jeder Stufe aber wird den Menschen, so scheint mir, im Streben nach Wahrheit nichts so wichtig und so tröstlich sein, wie die Wahrnehmung, daß der Spaltung in Rassen, Farben, Sprachen und Kulturen eine Einheit zugrunde liegt, daß es nicht verschiedene Menschen und Geister gibt, sondern nur Eine Menschheit, nur Einen Geist.

Nochmals skizziert: Der Weg führt aus der Unschuld in die Schuld, aus der Schuld in die Verzweiflung, aus der Verzweiflung entweder zum Untergang oder zur Erlösung: nämlich nicht wieder hinter Moral und Kultur zurück ins Kinderparadies, sondern über sie hinaus in das Lebenkönnen kraft seines Glaubens.«[10]

Mit dem »beinah christlich ausgedrückt« deutet Hesse auf das biblische Konzept der Heilslehre. Durch Verlust der Unschuld im Paradies schuldig geworden, sehnt sich der Mensch nach Vergebung und Gnade. Diese kann er aber nur durch Bereuung seiner Sünde und die Annahme Christi, des Sohnes Gottes, als seinen Heiland und Erlöser erreichen. Dieses Kernstück des christlichen Glaubens fehlt in Hesses Erklärung der Menschwerdung. Auch die Idee, »daß wir [...] für die Unvollkommenheit der Welt und für unsere eigene nicht verantwortlich sind«, widerspricht dem Schöpfungsbericht des Menschen in der Bibel: »Und Gott sah an alles, was er gemacht hatte, und siehe, es war sehr gut« (1. Mose 1,33). Erst nach dem Fall und der damit verbundenen Erbsünde herrschte der Tod und damit die Unvollkommenheit über die Menschheit.

Da Hesse nie die Alleingültigkeit der Bibel anerkannt hat und praktisch sein ganzes Leben lang ein Suchender gewesen ist, fällt es ihm auch schwer, seinen persönlichen Glauben zu beschreiben: »Übrigens sind es keineswegs nur jene mystischen letzten Stufen und Erlebnismöglichkeiten der Seele, die sich dem Verständnis und der eindeutigen Mitteilbarkeit entziehen. Auch die früheren, auch die allerersten Schritte auf dem Weg der Seele sind verständlich und mitteilbar einzig für den, der sie an sich erlebt hat. Wer noch in der

---

[10] G.W. 10, S. 74–77.

ersten Unschuld lebt, wird niemals die Bekenntnisse aus den Reichen der Schuld, der Verzweiflung, der Erlösung verstehen, sie werden ihm ebenso unsinnig klingen wie einem unbewanderten Leser die Mythologien fremder Völker. Dagegen erkennt jeder die typischen Seelenerlebnisse, die er selbst gehabt hat, unfehlbar und augenblicklich wieder, wo er sie in den Berichten anderer antrifft – auch da, wo er aus fremden und unvertrauten Theologien übersetzen muß. Jeder Christ, der wirklich etwas erlebt hat, erkennt dieselben Erfahrungen bei Paulus, Pascal, Luther, Ignatius unfehlbar wieder. Und jeder Christ, der noch ein Stück näher ans Zentrum des Glaubens gekommen und darum dem Bereich der bloß ›christlichen‹ Erlebnisse entwachsen ist, findet bei den Gläubigen anderer Religionen, nur in anderer Bildsprache, alle jene Grunderlebnisse der Seele mit allen Kennzeichen unfehlbar wieder.

Meine eigene, im Christlichen beginnende Seelengeschichte zu erzählen, aus ihr meine persönliche Art von Glauben systematisch zu entwickeln, wäre ein unmögliches Unternehmen; Ansätze dazu sind alle meine Bücher. Unter ihren Lesern finden sich manche, für welche diese Bücher einen ganz bestimmten Sinn und Wert haben: den nämlich, daß sie ihre eigenen wichtigsten Erlebnisse, Siege und Niederlagen in ihnen bestätigt und verdeutlicht finden. Groß ist ihre Zahl nicht, aber sehr groß ist überhaupt die Zahl der Menschen nicht, welche Seelenerlebnisse haben.«[11] Daß Hesse durch die Darstellung seiner Seelenerlebnisse in seinem Werk manchem Leser bei kritischen Lebensfragen und Lebenslagen geholfen hat, ist unbestreitbar. Nur fehlt bei ihm die Glaubensgewißheit, die nur durch ein persönliches Verhältnis zu Gott zustandekommen kann. Aus diesem Grund fällt es ihm schwer, seinen Glauben zu artikulieren.

In der »Schlußbetrachtung« erklärt Hesse, wie die beiden Grundtypen – die Vernünftigen und die Frommen – diese drei Stufen der Menschwerdung erleben: »Es wird der Stand der Kindheit und natürlichen Unschuld bei beiden Typen sich ähnlich darstellen. Doch schon der erste Schritt der Menschwerdung, der Eintritt in das Reich von Gut und Böse, hat nicht für beide Typen das gleiche Gesicht. Der Fromme wird kindlicher sein, er wird mit weniger Ungeduld und mit mehr Widerstreben das Paradies verlassen und das Schuldigwerden erleben. Dafür aber wird er auf der nächsten Stufe auf dem Weg von der Schuld zur Gnade, kräftigere Flügel haben. Er wird überhaupt der mittleren Stufe (Freud nennt sie das ›Unbeha-

---

[11] G.W. 10, S. 78–79.

gen der Kultur‹) möglichst wenig gedenken und sich ihr möglichst entziehen. Durch sein wesentliches Sichfremdfühlen im Reich der Schuld und des Unbehagens wird ihm unter Umständen der Aufschwung zur nächsten erlösenden Stufe erleichtert. Es wird ihm aber auch gelegentlich das infantile Zurückfliehen ins Paradies, in die verantwortungslose Welt ohne Gut und Böse naheliegen und gelingen. Für den Vernünftler hingegen ist die zweite Stufe, die Stufe der Schuld, die Stufe der Kultur, der Aktivität und Zivilisation, recht eigentlich die Heimat. Ihm hängt nicht lang und störend ein Rest von Kindheit nach, er arbeitet gern, er trägt gern Verantwortung, und er hat weder Heimweh nach der verlorenen Kindheit, noch begehrt er sehr heftig nach dem Befreitwerden von Gut und Böse, obwohl dies Erlebnis auch ihm ersehnbar und erreichbar ist. Leichter als der Fromme unterliegt er dem Glauben, es werde sich mit den von Moral und Kultur gestellten Aufgaben schon fertig werden lassen; schwerer als der Fromme erreicht er den Zwischenzustand der Verzweiflung, das Scheitern seiner Anstrengungen, das Wertloswerden seiner Gerechtigkeit. Dafür wird er, wenn die Verzweiflung erst da ist, vielleicht weniger leicht als der Fromme jener Versuchung zur Flucht in die Vorwelt und Unverantwortlichkeit erliegen.

Auf der Stufe der Unschuld bekämpfen sich Fromm und Vernünftig so, wie Kinder von verschiedener Veranlagung sich bekämpfen.

Auf der zweiten Stufe bekämpfen sich, wissend geworden, die beiden Gegenpole mit der Heftigkeit, Leidenschaft und Tragik der Staatsaktionen.

Auf der dritten Stufe beginnen die Kämpfer einander zu erkennen, nicht mehr in ihrer Fremdheit, sondern ihrem Aufeinandergewiesensein. Sie beginnen einander zu lieben, sich nacheinander zu sehnen. Von hier führt der Weg in Möglichkeiten des Menschentums, deren Verwirklichung bisher von Menschenaugen noch nicht erblickt worden ist.«[12] Hesse, der mehr »Frommer« als »Vernünftler« ist, hat in diesem Vergleich Einblicke in seine Glaubensentwicklung gegeben. Schon im *Demian* hat Sinclair-Hesse die mittlere oder zweite Stufe »durch sein wesentliches Sichfremdfühlen« mit Hilfe Demians so schnell wie möglich überwunden, um zur dritten Stufe des Glaubens, »eines Zustandes jenseits von Moral und Gesetz« zu gelangen. Erst dann konnte er auch wirklich lieben. In dieser Hin-

---

[12] G.W. 10, S. 86–88.

sicht erhellt und vertieft diese Betrachtung seine Beziehung zur Religion und zum Christentum.

Auch in seiner Korrespondenz befaßte er sich eingehend mit dem Christentum, ganz besonders in Briefen an unbekannte Empfänger, weil er da anscheinend offener und freier war als bei Bekannten. Am 23. Februar 1935 faßt er seinen Glauben für eine Leserin in Stuttgart, die ihn wahrscheinlich über seine Religionsauffassung und Lebensphilosophie in Werken wie *Knulp* und *Demian* gefragt hatte, folgendermaßen zusammen: »Ich habe zeitlebens die Religion gesucht, die mir zukäme, denn obwohl ich in einem Hause von echter Frömmigkeit aufgewachsen bin, konnte ich doch den Gott und den Glauben, der mir dort angeboten wurde, nicht annehmen. Das geht bei manchen Jungen leichter oder schwerer, je nach dem Grad von Persönlichkeit, zu dem sie fähig und bestimmt sind. Mein Weg war es, zuerst ganz individuell suchen zu müssen, das heißt vor allem mich selber suchen und mich, soweit mir das gegeben war, zur Persönlichkeit bilden zu müssen. Dazu gehört das im ›Demian‹ Erzählte. Später habe ich manche Jahre die indischen Gottesvorstellungen besonders geliebt, dann allmählich die Klassiker der Chinesen kennen gelernt, und ich war schon lange nicht mehr jung, als ich allmählich begann, mich wieder mit dem Glauben vertrauter zu machen, in dem man mich erzogen hatte. Dabei hat das klassische katholische Christentum eine Rolle gespielt, aber ich fand mich getrieben, auch die protestantischen Formen des Christentums neu kennen zu lernen, und manches Gute und Fördernde ist mir dann auch aus der jüdischen Literatur zugekommen, namentlich aus den chassidischen Büchern und aus neuen jüdischen Werken wie etwa Bubers ›Königtum Gottes‹. Irgend einer Gemeinschaft, Kirche oder Sekte gehörte ich nie an, halte mich aber heute nahezu für einen Christen. Ein Bekenntnis, in dem ich möglichst genau die Grundlagen meines jetzigen Glaubens darzustellen versuchte, ist das Gedicht ›Besinnung‹, es ist Ende 1933 geschrieben und steht am Schluß des Gedichtbändchens in der Inselbücherei.«[13] Dieses »nahezu für einen Christen« zeigt, daß der ältere Hesse dem Christentum wieder nähergetreten ist, ohne es aber als die allein seligmachende Religion zu akzeptieren.

In dem Gedicht *Besinnung* spricht Hesse vom ewigen und liebevollen Gott, der sich besonders um »den Gefährdeten« bemüht und dadurch menschliche Nächstenliebe entzündet:

---

[13] A.B., S. 137–138.

»Göttlich ist und ewig der Geist.
Ihm entgegen, dessen wir Bild und Werkzeug sind,
Führt unser Weg; unsre innerste Sehnsucht ist:
Werden wie Er, leuchten in Seinem Licht.

Aber irden und sterblich sind wir geschaffen,
Träge lastet auf uns Kreaturen die Schwere.
Hold zwar und mütterlich warm umhegt uns Natur,
Säugt uns Erde, bettet uns Wiege und Grab;
Doch befriedet Natur uns nicht,
Ihren Mutterzauber durchstößt
Des unsterblichen Geistes Funke
Väterlich, macht zum Manne das Kind,
Löscht die Unschuld und weckt uns zu Kampf und Gewissen.

So zwischen Mutter und Vater,
So zwischen Leib und Geist
Zögert der Schöpfung gebrechlichstes Kind,
Zitternde Seele Mensch, des Leidens fähig
Wie kein andres Wesen, und fähig des Höchsten:
Gläubiger, hoffender Liebe.

Schwer ist sein Weg, Sünde und Tod seine Speise,
Oft verirrt er ins Finstre, oft wär ihm
Besser, niemals erschaffen zu sein.
Ewig aber strahlt über ihm seine Sehnsucht,
Seine Bestimmung: das Licht, der Geist.
Und wir fühlen: ihn, den Gefährdeten,
Liebt der Ewige mit besonderer Liebe.

Darum ist uns irrenden Brüdern
Liebe möglich noch in der Entzweiung,
Und nicht Richten und Haß,
Sondern geduldige Liebe.
Liebendes Dulden führt
Uns dem heiligen Ziele näher.«[14]

---

[14] *Gesammelte Schriften* in 7 Bänden, Frankfurt a.M.: Suhrkamp Verlag, 1968. Bd. 5, S. 740–741. (Im folgenden zitiert als G.S. mit Angabe von Band und Seitenzahl.)

Hans Küng betont, daß sich Hesse in diesem Gedicht dem Vermächtnis seiner christlichen Herkunft genähert hat: »[...] Hermann Hesse glaubt nicht nur allgemein an den ›Menschen‹, das ›Menschentum‹, den ›Lebenssinn‹, er glaubt im eigentlichen Sinn an *Gott*. Und wenn ihm auch an begrifflichen Definitionen wenig gelegen ist, so doch an existentieller Haltung: Von indisch-pantheistischer Religiosität setzt er sich jetzt ebenso ab wie von primitiv-anthromorphen christlichen Vorstellungen. ›Der *Geist* in meinem Gedicht ist nicht nur göttlich, er ist Gott, er ist nicht pantheistisch gemeint‹. Freilich ist auch nicht der anthropomorphe ›Gott‹ vieler Religionen gemeint, sondern der *ewige göttliche Geist* wie ihn ›seit dreitausend Jahren alle spirituellen Weltanschauungen ... verstanden haben: die göttliche Substanz‹. [...] Weil Gott, ›der Ewige‹, der ›väterliche Geist‹ uns liebt, ist Liebe möglich. Und weil Liebe möglich ist, können Entzweiung, Haß, Streit, Krieg überwunden werden. ›Sie vermuten richtig‹, schrieb Hesse später in einem Brief (März 1935), ›daß dem Gedicht eine Wandlung zu Grunde liegt, nämlich eine besinnende Herkunft, welche christlich ist‹.«[15] Durch die Betonung der Nächstenliebe in der letzten Strophe nähert sich Hesse wieder dem Erbe der Väter und distanziert sich vom »Richten und Haß« der in Deutschland immer stärker und radikaler werdenden Nazis.

Da dieses Gedicht ziemlich frei von christlichen Glaubenssätzen formuliert war, wurde es von kirchlicher Seite eher kritisch bewertet. Als ihm der Vikar D.Z. aus Fehrbellin nach Erscheinen des Gedichtes vorhielt, daß nur innerhalb der Kirche Christlichkeit möglich sei, schrieb ihm Hesse am 3. März 1935: »Und die ›Kirche‹, von der Sie sprechen, hat mir eben von Kind auf gefehlt, sie ist heute noch weniger vorhanden als damals. Daß es so etwas wie eine ›Kirche‹ außerhalb der katholischen gebe, darin denken wir verschieden: Ich kann diese Kirche nicht sehen und bin ihr nie begegnet, während ich sehr vielen Formen von Glauben und von Christlichkeit auf dem Boden der unzähligen Landeskirchen, Gemeinschaften etc. begegnet bin. Wenn ich dahin komme, ohne Kirche nicht leben zu können, so werde ich mich der einzigen anvertrauen, die ich als solche anerkennen und verehren kann, der römischen. Vorläufig scheint mir das allerdings, trotz meiner allmählichen Rückkehr zu der christlichen Atmosphäre meiner Jugend, sehr unwahrscheinlich: darin bin auch ich ganz Protestant, daß ich eine solche Konversion, trotz allen Verlockungen, die sie haben kann, im Grunde als Schwä-

---

[15] H.K.A., S. 226–228.

che empfinde.«[16] Im Gegensatz zu dem Vikar gab es für Hesse keine »protestantische Kirche und eine den protestantischen Bekenntnissen gemeinsame, autoritative Theologie«[17]: »Ich habe von Kind auf Reformierte, Calvinisten, Lutheraner gekannt, die württembergische Landeskirche, in der ich konfirmiert wurde, war eine Kreuzung zwischen Lutherisch und Reformiert, außerdem habe ich sowohl geistig wie persönlich Berührung mit den Kreisen der Pietisten und Herrnhuter gehabt – nirgends war im Ernst von einer Kirche die Rede, die den Anspruch mache oder gar erfülle, dem gemeinsamen Protestantismus ein Obdach und ein Dogma zu geben! Als Ideal und Wunschbild freilich bestand diese Kirche, so etwa wie sie in des alten Arnold Ketzergeschichte besteht. Autoritätsbegabt und verwirklicht aber habe ich diese Kirche und Theologie, von der Sie als eine Realität sprechen, nie angetroffen.«[18] Aus diesem Grund ist Hesse auch nie ein regelmäßiger Kirchenbesucher gewesen.

Die Frage, ob Hesse noch ein »ganzer« Christ wird, läßt er zunächst offen: »Ich muß mich hüten, das Bekenntnis meines Gedichts voreilig auszubauen, sondern auf meinem Weg bleiben, der mich vielleicht vollends zum Christen macht. Theologisches las ich nicht sehr viel, und mehr Katholisches als Protestantisches. Zu den ehrwürdigsten und anziehendsten Persönlichkeiten der protestantischen Frömmigkeit gehört für mich Oetinger. Auch seine Theologie aber ist nicht eine autoritative.«[19]

Dieses »vollends zum Christen macht« ist für Hesse sehr schwierig, weil sein Glaube einmalig und persönlich und nicht lehrbar ist. Als ihn Frau Lu de Giacomi über die Seele und das Weiterleben nach dem Tode gefragt hatte, schrieb er ihr am 26. Mai 1937: »[...] ich kann Ihnen nichts über die Fragen sagen, die Sie stellen, über Seele, Tod und Fortleben. Wäre es mir gegeben gewesen, eine der religiösen Formulierungen übernehmen zu können, so wäre ich Priester geworden, nicht Schriftsteller. Ich habe meinen Glauben, einen ganz bestimmten, aber es ist ein persönlicher, einmaliger und läßt sich nicht lehren. Er sah früher sehr indisch aus, heut hat er sich dem christlichen wieder mehr genähert. Einiges davon steht im ›Siddhartha‹.

---

[16] A.B., S. 139.
[17] A.B., S. 139.
[18] A.B., S. 140.
[19] A.B., S. 140. Oetinger (1702–1782) war Prälat in Württemberg und Universalgelehrter. Weitere Information siehe Martin Weyer-Menkhoff, *Friedrich Christoph Oetinger*, Wuppertal: R. Brockhaus Verlag, 1990.

Daß ich, ein kranker alter Mann, Ihre Bitte nicht erfüllen kann und darf, tut mir leid und täte mir noch viel mehr leid wenn Ihr Brief mir nicht einen sehr guten Eindruck gemacht hätte. Er gibt mir das Gefühl und das Vertrauen, daß Sie auf gutem Wege sind und Ihr Ziel erreichen werden. Wahrscheinlich haben Sie schon jetzt einen viel besseren und bestimmteren Glauben als Sie selbst wissen und sich zugeben. Dieser Glaube ist nicht dogmatisch sondern persönlich, kaum formulierbar, mehr Erlebnis als Wissen, mehr Vertrauen als Gehorsam. Sie werden zu diesem Glauben, dem Besten was Sie haben, immer mehr stehen, und wenn Sie ihn auch nie werden in Worten ausdrücken können, so wird er doch aus Ihrem Tun und Ihrem Wesen zu spüren sein und seine Bestimmung erfüllen.«[20]

Die Tatsache, daß Hesses Glaube nicht lehrbar, sondern mehr Erlebnis wie im *Siddhartha* war, macht es so schwierig, ihn zu definieren. Seine Auswirkung zeigte sich aber in seiner unermüdlichen Bereitschaft, Notleidenden und ernsthaft Hilfesuchenden mit Rat und Tat zu helfen. Der Gedanke, daß Hesse Priester statt Schriftsteller geworden wäre, wenn er zum Beispiel an das christliche Dogma hätte glauben können, regt zur Spekulation an. Der Einfluß eines so überragenden und schaffenden Geistes auf kirchlichem Gebiet wäre kaum auszudenken. Wäre er ein neuer Reformator geworden? Hätte die Kirche durch ihn im 20. Jahrhundert eine Erneuerung und Vertiefung erfahren? Wichtige Fragen, die in diesem Leben nicht beantwortet werden können.

Für Hesse gibt es »[...] nur das Glauben an die wartende, die mögliche Gnade, die wir nie verdienen, aber immer hoffen können.«[21] Was Hesse unter Gnade versteht, erklärte er in einem Brief an Otto Basler vom 1. Dezember 1937: »Ich glaube, mit der Gnade ist es nicht so, wie manche Theologen gelehrt haben, etwa Calvin: daß sie allein eine Sache Gottes und vom Menschen ganz und gar nicht erlangbar ist. Wenn man das Bildnis Calvins ansieht, glaubt man nicht, daß er viel über das Geheimnis der Gnade wissen konnte. Ich glaube, die Gnade, oder das Tao oder wie man es nennen will, umgibt uns immerzu, sie ist das Licht und ist Gott selbst, und wo wir einen Augenblick offenstehen, geht sie in uns ein, in jedes Kind wie in jeden Weisen. Ich halte viel vom Heiligsein, aber ich bin kein Heiliger, ich bin von einer ganz andern Art, und was ich an Wissen um

---

[20] Unveröffentlichter Brief vom 26. Mai 1937 im Deutschen Literaturarchiv/Schiller-Nationalmuseum Marbach a.N., Standort: D: Hesse-Archiv.
[21] Brief an Eugen Link [Ende 1938] G.B. III, S. 108.

das Geheimnis habe, ist mir nicht offenbart worden, sondern gelernt und zusammengesucht, es ging bei mir den Weg über das Lesen und Denken und Suchen, und das ist nicht der göttlichste und unmittelbarste Weg, aber ein Weg ist es auch. Einmal bei Buddha, einmal in der Bibel, einmal bei Lao Tse oder Dschung Dsi, einmal auch bei Goethe oder andern Dichtern spürte ich mich vom Geheimnis berührt, und mit der Zeit merkte ich, daß es stets dasselbe Geheimnis war, stets aus derselben Quelle kam, über alle Sprachen, Zeiten und Denkformen hinweg.«[22] Hesses Vorstellung von Gnade unterscheidet sich hier von biblischen Aussagen, denen gemäß Gnade nur durch den persönlichen Glauben an die Erlösungstat Christi und nicht durch eigenen Verdienst erlangt werden kann. Für Hesse dagegen ist die Gnade Geheimnis und als solches undefinierbar.

Als *Narziß und Goldmund* 1930 bei Fischer in Berlin erschien, hatte Hesse seine kritische Steppenwolfphase mit Hilfe Ninons überwunden: »Hesse gestaltete zwar einen Freundesbund zwischen zwei Männern und kein mann-weibliches Paar. Ninon, die ›Freundin‹, kommt im Roman nicht vor, wohl aber, was sie für Hesse bedeutete. Zum ersten Mal stellte er eine dauerhafte Paarbeziehung dar und wies sie gegenüber dem isolierten Einzelleben als eine überlegene, ja rettende Existenzform aus. So spiegelt auch dieses Werk seine damalige Lebensstufe, die Wesensergänzung im Medium der Freundschaft: Zweiheit erlöst.«[23]

Zwei Jahre später begann er mit dem *Glasperlenspiel*, das er 1942 vollendete. Da dem Fischer Verlag 1942 die Druckerlaubnis von den Nazis verweigert worden war, erschien es erst ein Jahr später bei Fretz & Wasmuth in Zürich. Nach Hans Küng deutete dieses Alterswerk Hesses auf eine neue zukünftige Religion, die er aber nicht genauer definiert habe: »Eines jedenfalls ist für Knecht am Ende sicher: Auch Kastalien, dem leider der ›geschichtliche Sinn‹ und die welthistorischen Studien fehlen, wird nicht für immer bleiben, ja ist schon jetzt durch eine erneute Periode der Rüstung und Kriege bedroht. Was freilich unter diesen Umständen die *neue Religion der Zukunft* sein würde, will Hesse im Roman selber nicht sagen; auch Knechts ›indischer Lebenslauf‹ stammt ja aus längst vergangener Zeit, und trotz I-Ging-Studien bleibt Knecht nicht bei dem zum chinesischen Einsiedler gewordenen ›Älteren Bruder‹. Wir haben uns damit abzufinden, daß Hesse eine religiöse Utopie der Menschheit nicht dar-

---

[22] G.B. III, S. 71–72.
[23] G.K., S. 246.

stellen wollte.«[24] Vielleicht sollte man hier hinzufügen, daß Hesse bei seiner Abneigung gegen alle Dogmatik und der Unmöglichkeit, seinen Glauben in Worte zu fassen, gar keine »religiöse Utopie« darstellen konnte.

Nach Gisela Kleine hatte auch Ninon einen bedeutenden Einfluß auf Hesses Alterswerk: »Durch Ninon, die Hesses Geliebte und Kameradin war und die ihn verstand, wie er sich vorher nur von seiner Mutter verstanden fühlte, ergaben sich für ihn neue Erfahrungen, die sich im Spätwerk niederschlagen. Da Ninon ihn aus der Mutterbindung zu lösen vermochte, wurde er frei für die Vaterwelt. Das Ringen mit der protestantisch-pietistischen Tradition seines Elternhauses, ... bedeutete eine ... Auseinandersetzung mit dem Vater als dem Repräsentanten dieser religiösen Wert-Welt. Das aber bildete die Voraussetzung für die Gestaltung Kastaliens im ›Glasperlenspiel‹.«[25] Dieser Prozeß setzte zwar nicht erst durch Ninons Einfluß ein, wurde jedoch durch sie begünstigt.

Aufgrund seines wachsenden Ruhms und auch wegen der kritischen Lage in Deutschland wurde die Casa Hesse sowohl ein beliebtes Reiseziel als auch Zufluchts- und Übergangsort für solche, die sich in ihrer deutschen Heimat bedroht fühlten und dort nicht länger bleiben konnten. Einige der bekannteren Besucher waren Thomas Mann, Bertolt Brecht, Samuel Fischer, Christoph Schrempf, Ernst Wiechert, Peter Weiss, Hermann Kasack und Peter Suhrkamp. Er bemühte sich, so gut es ging, um die vielen Emigranten, die seine Hilfe suchten und verteidigte sie gegen die Nazimentalität, die Deutschland ergriffen hatte und auch eine Bedrohung für die Schweiz, sein neues Heimatland, geworden war. Im Dezember 1939 schrieb er Max Hermann-Neiße: »Der Krieg hat natürlich auch uns in mancher Hinsicht getroffen. Meine Frau hatte nahe Verwandte und alte Freunde in Polen und weiß noch jetzt von keinem, ob er noch lebt. Besondere Sorgen haben wir auch um die noch immer in Prag lebenden Freunde, denen die Emigration noch immer nicht geglückt ist. Und meine drei Söhne gehören alle der Schweizer Armee an und sind seit Kriegsbeginn unter Waffen. Das Welttheater selbst interessiert mich nicht. In welchen Formen und unter welchen Teufeleien sich der Abbau des nicht mehr Lebensfähigen vollzieht, ist für alte Leute nicht mehr von Belang. Mein Glaube an eine gewisse Stabilität des Menschen ist sehr groß, ich glaube, daß er von jeder

---

[24] H.K.A., S. 223.
[25] G.K., S. 318.

Teufelei am Ende mit schlechtem Gewissen erwacht und daß jeder Korruption ein neues Verlangen nach Sinn und Ordnung folgt – aber den Glauben, daß ich vom Wiederansteigen der momentanen Kurve noch etwas erleben werde, habe ich nicht. Ich bin müde und alt geworden.«[26]

Darüber hinaus gingen die schrecklichen Nachrichten und vielen Bittgesuche, die er täglich durch die Post erhielt, fast über sein Vermögen: »Und was für jeden Tag an Kraft, Aufnahmefähigkeit etc. da ist, wird verzehrt durchs Aktuelle, zwar nicht durch Zeitunglesen, das tue ich kaum, aber durch das, was jeder Tag auf dem Weg der Post an Aktuellem, an Krieg, an Tod, an Elend, Heimatlosigkeit, Unrecht und Gewalt mir in Form von Kriegs-, Emigrations-, Flüchtlings- und andern Schicksalen auf den Tisch legt. Ich vermittle Familien- und Freundesnachrichten, helfe Vermißte suchen, kämpfe je und je, meist erfolglos gegen unsre Fremdenpolizei, und habe dabei auch die eigenen Sorgen, bin mit meiner äußern Existenz auf den Berliner Verlag angewiesen, von dem eine Grenze und ein Devisenstacheldraht mich trennt, habe drei Söhne in der Schweizer Armee stehen etc.«[27]

Auch in den vierziger Jahren, die von den Kriegsjahren und der unmittelbaren Nachkriegszeit gekennzeichnet waren, war der Druck von außen sehr groß. Sein persönliches Verhältnis zum Christentum war ähnlich wie im vorigen Jahrzehnt von einer Annäherung an sein christliches Erbe gekennzeichnet. Inmitten der Kriegswirrnisse wurde ihm sein Glaube an das Gute, Wahre und Ewige als Gegenpol zum Terror der Hitlertyrannei und der Vernichtung im Kriege eine stille Oase, die es ihm ermöglichte, diese böse Zeit intakt zu überleben und Hilfesuchenden zu helfen. Im Februar 1940 schrieb Hesse an Otto Basler: »Die Weltgeschichte ist ein wildes Weib, sie drängt sich uns auf und will, daß ihr noch unser letzter Blick und Seufzer gehöre, während wir so gern anderswo wären und wohl wissen, daß das Schöne an der Geschichte nur die Geistesgeschichte, und das Hübsche im Ablauf der bösen Maschine nur die Momente der Abseitigkeit und Versunkenheit sind, die sich trotz allem ja finden. Übrigens ist auf die Dauer das Übelste nicht der Lärm, der Krach und die Brutalität, mit der die Geschichte auf uns einhaut, sondern die Spiegelung von Verlogenheit, mit der über den

---

[26] G.B. III, S. 138.
[27] Brief an Rolf Schott vom 26. 12. 1939. G.B. III, S. 139–140.

trüben Gewässern ein Scheinhimmel von Idealen gezaubert wird.«[28] Auch tätige Nächstenliebe gegenüber den direkt Betroffenen sei ein gutes Mittel, diese Krise zu überstehen: »Die Hölle des totalen Staates ist eine Phase im Ablauf des Nationalismus und wird nicht ewig dauern, wird aber das, woran wir glauben und was uns das Leben lebenswert macht, beinahe vollends vernichten, ehe sie zusammenbricht. In solchen Zeiten ist es eine gute Schule, als Gegenmittel gegen blinden Patriotismus, eine direkte Verbindung mit den Verfolgten und Notleidenden in seinem Leben zu haben, etwa in Form einer jüdischen Frau, da erlebt man die ganze Schweinerei nicht mehr blind, sondern sehend mit, und die, die das überstehen, werden nachher die Brauchbaren sein.«[29]

Diese Nächstenliebe, sicherlich ein Indiz dafür, daß er der christlichen Weltanschauung wieder nähergekommen ist, ist auch der Inhalt eines Briefes an seine Schwester Adele zur hundertsten Geburtstagsfeier seiner Mutter vom Oktober 1945: »Unsre Eltern haben uns viel mitgegeben, auch Widersprüche und Schwierigkeiten, einfach und leicht ist das Erbe nicht, aber es ist reich und edel, es ruft auf und verpflichtet, und es hilft einem oft, die Augen offen behalten und klar sehen und urteilen, wenn die meisten mit Schlagworten zufrieden sind. Unsre Eltern haben ziemlich viel von uns verlangt, weit mehr aber von sich selber, und haben uns etwas vorgelebt, was selten geworden und unvergeßlich ist. Man sucht uns heute einzureden, ihr Glaube, ihre Weltanschauung, ihre Urteile seien rückständig und überholt; aber ich muß sagen, wenn auch ich selber in der Jugend manchmal so über sie dachte, so hat sich das mit den Jahren doch sehr geordnet und ein andres Gesicht bekommen.«[30]

Dieses »andre Gesicht« zeigt sich auch in Hesses Gedicht *Der Heiland*, das er Dr. Kilpper zu Weihnachten 1940 gesandt hat:

> »Immer wieder wird er Mensch geboren,
> Spricht zu frommen, spricht zu tauben Ohren,
> Kommt uns nah und geht uns neu verloren.
>
> Immer wieder muß er einsam ragen,
> Aller Brüder Not und Sehnsucht tragen,
> Immer wird er neu ans Kreuz geschlagen.

---

[28] G.B. III, S. 144.
[29] Brief an Ernst Morgenthaler vom 25. 10. 1940. G.B. III, S. 165.
[30] G.B. III, S. 211.

Immer wieder will sich Gott verkünden,
Will das Himmlische ins Tal der Sünden,
Will ins Fleisch der Geist, der ewige, münden.

Immer wieder, auch in diesen Tagen,
Ist der Heiland unterwegs, zu segnen,
Unsern Ängsten, Tränen, Fragen, Klagen
Mit dem stillen Blicke zu begegnen,
Den wir doch nicht zu erwidern wagen,
Weil nur Kinderaugen ihn ertragen.«[31]

Er versteht jetzt die Rolle des Heilands viel besser als in der Jugendzeit, wo er ihn so heftig ablehnte. Er sieht ihn, wie er die innere und äußere Not der Menschen lindern und »das Himmlische ins Tal der Sünde« bringen will. Doch die Erwachsenen können seinen »stillen Blick« nicht erwidern, weil ihnen die »Kinderaugen«, der kindliche, biblische Glaube fehlt. Durch das »[i]mmer wieder« betont Hesse, daß ihn das Suchen dem Christentum viel näher gebracht hat, daß der Prozeß aber noch nicht abgeschlossen ist.

Noch immer kann er die Exklusivität des Christentums nicht akzeptieren, wie es in einem Brief an Herrn Z. auf eine Anfrage über das *Glasperlenspiel* deutlich wird:

»Ich habe im ›Glasperlenspiel‹ die Welt der humanistischen Geistigkeit dargestellt, die vor den Religionen zwar Respekt hat, aber außerhalb derselben lebt. Ebenso habe ich vor dreißig Jahren im ›Siddhartha‹ den Brahmanensohn dargestellt, der aus der Tradition seiner Kaste und Religion hinaus seine eigene Art von Frömmigkeit oder Weisheit sucht.

Mehr als dies habe ich nicht zu geben. Über die Werte und Segnungen der christlichen Religion wird Ihnen jeder Priester und jeder Katechismus mehr sagen, als ich Ihnen sagen könnte.

Mir ist das humanistische Ideal nicht ehrwürdiger als das religiöse, und auch innerhalb der Religionen würde ich nicht einer vor der andern den Vorzug geben. Eben darum könnte ich keiner Kirche angehören, weil dort die Höhe und Freiheit des Geistes fehlt, weil jede sich für die beste, die einzige, und jeden ihr nicht Zugehörenden für verirrt hält ...«[32]

Hesse fehlte also immer noch die Gewißheit des persönlichen

---

[31] G.S. 5, S. 785.
[32] A.B., S. 274–275.

Heilands, der ihn als Teil des Leibes Christi mit seiner unsichtbaren und weltweiten Kirche verbinden würde.

Auf literarischem Gebiet hatte Hesse in den vierziger Jahren großen Erfolg. Sein Werk wurde jetzt nicht nur im deutschen Sprachraum, sondern auch darüber hinaus anerkannt und gewürdigt. Am 28. August 1946 erhielt er den Goethe-Preis der Stadt Frankfurt und am 10. Dezember desselben Jahres den Nobelpreis für Literatur. Er machte sich aber nicht viel daraus und zog die Stille seines zurückgezogenen Lebens in Montagnola dem Umtrieb solcher Festlichkeiten und Ehrungen vor: »Wegen des Nobelpreises wollen wir uns keine grauen Haare wachsen lassen; er käme zu spät, um mir noch Spaß zu machen, d.h. mehr Spaß als die Tatsache, daß es mir mein Leben lang beinahe völlig gelungen ist, von den offiziellen Stellen und Mächten unbemerkt zu bleiben: kein Staatspreis, kein Ehrendoktor, nichts dergleichen; ich habe nichts dagegen, wenn ich vollends so unbefleckt bleibe.«[33] Er blieb dann auch während der Preisverleihung am 10. Dezember in Stockholm zu Hause und feierte diese Ehrung mit einer befreundeten Familie.[34]

## 2. Alter und Abschied (1950–1962)

In den fünfziger Jahren führte Hesse seine umfangreiche Korrespondenz fort und äußerte sich in mehreren Briefen über sein Verhältnis zum Christentum. Am 12. Februar 1950 schrieb er einem Studenten, der ihn gefragt hatte, wie man das Meditieren lernen könnte:

»Mögen Sie nun mit Ihren Übungen weit oder nicht weit kommen, so werden Sie doch, wenn Sie es ernst meinen, sich dabei einer Seelenstimmung nähern, der wir Abendländer sonst nur noch im religiösen Gebet oder bei der Hingabe an das Schöne zu erleben fähig sind. Sie werden nicht mehr nur Luft atmen, sondern das All, sondern Gott, und werden nicht auf intellektuellem, sondern auf leiblichem und unschuldigem Wege etwas von der Freiheit, Seligkeit und Frömmigkeit der Hingabe und Willensentspannung erleben. [...]

Die Weisheit aller Völker ist eine und dieselbe, es gibt nicht zwei oder mehr, es gibt nur eine. Das einzige, was ich etwa gegen die Reli-

---

[33] G.B. III, S. 332.
[34] Siehe *vervielfältigtes Typoskript, einigen Briefen an Freunde beigelegt.* G.B. III, S. 389–391.

gionen und Kirchen einzuwenden habe, ist ihre Neigung zur Unduldsamkeit. Weder Christ noch Mohammedaner wird gerne zugeben, daß sein Glaube gut und heilig zwar, nicht aber privilegiert und patentiert sei, sondern ein Bruder all der andern Glaubensarten, in denen die Wahrheit sich sichtbar zu machen sucht.«[35]

Ähnlich drückte er sich auch gegenüber einer Ordensschwester Luise aus Zürich aus, die ihn mit einigen christlichen Traktaten und einer persönlichen Bemerkung, daß nur der christliche Gott ein lebendiger Gott sei, bekehren wollte:

»Sie haben mir ein paar erbauliche Schriften zugeschickt und dazu geschrieben: ›Es gibt einen lebendigen Gott. Wo steht es geschrieben, daß ich nicht auch Ihnen dies mitteilen darf? Die anderen Götter sind alle tot . . .‹

Es steht natürlich nirgends geschrieben, daß Sie mir diese Mitteilung nicht machen dürfen. Nur mutet sie mich, wie alle ins Blaue unternommenen Bekehrungsversuche, etwas wunderlich und im Grunde unnötig an. Sie teilen Ihr Wissen um die Existenz Gottes einem alten Manne mit, dessen Eltern und Großeltern nicht nur dem Namen nach, sondern in Leben und Tat Christen waren und ihr ganzes Leben in den Dienst des Reiches Gottes gestellt haben. Von ihnen bin ich erzogen, von ihnen habe ich die Bibel und Lehre vererbt bekommen, ihr nicht gepredigtes, sondern gelebtes Christentum ist unter den Mächten, die mich erzogen und geformt haben, die stärkste gewesen. Darum klingt Ihre Mitteilung mir ein wenig überflüssig, etwa so, wie wenn jemand mir im April mitteilen würde, es sei jetzt Frühling, und im Oktober, es sei jetzt Herbst geworden. [. . .]

Sie stellen fest: ›Es gibt einen lebendigen Gott‹, und ich gebe Ihnen darin recht. Aber welcher Gott es sei, den Sie den allein lebenden nennen, während alle andern tot seien, das sehe ich aus den Traktätchen, die Sie mir zusandten. Es ist der Gott protestantischer Christen, bestenfalls der einer Kirche, vielleicht auch nur der einer Sekte, einer kleinen Gemeinschaft von Frommen, denen es mit ihrem Christentum ernst ist. Dieser Gott ist für Sie der ›lebendige‹, und alle andern erklären Sie, hoch von oben herab, für tot.

Nun, es gibt außer Ihrer Gemeinschaft, oder, wenn Sie wollen, außer der Kirche, der Sie angehören, noch viele hundert Millionen von Menschen aller Rassen und Sprachen, die ebenfalls an einen lebendigen Gott glauben und ihm dienen. Der Gott dieser Gläubigen, die an Zahl denen Ihrer Kirche um das Vielfache überlegen sind, ist

---

[35] A.B., S. 300–301.

wahrscheinlich für viele seiner Diener (nicht für alle) genau so wie der Ihre ein Gott, der einzig lebendig und gültig ist, und neben dem alle anderen Götter, also auch der Ihre, verehrte Schwester, ›tot‹ und ungültig sind.

Der Gott der frommen Juden zum Beispiel ist keineswegs der Ihre, denn er ist zwar das Vorbild, nach dem der Ihre geformt ist, aber er ist keineswegs jener Gott, der seinen Sohn hat Mensch werden lassen. Und so sind die Götter alle, die von frommen Mohammedanern, von frommen Indern, Tibetanern, Japanern verehrt werden, von dem Ihren sehr verschieden, und dennoch ist jeder von ihnen sehr lebendig, sehr wirksam, jeder von ihnen hilft Unzähligen das Leben ertragen, das Leben heiligen, sich ins Leiden zu ergeben und den Tod gut zu bestehen.

Allen diesen Millionen von frommen, trostsuchenden, nach Würde und Heiligung für ihr armes Leben strebenden Gläubigen, denen sich der eine lebendige Gott auf etwas andre Weise offenbart hat als Ihnen und Ihrer Kirche, sprechen Sie unerschrocken und allwissend ihre Götter, ihre Lehren, ihre Glaubensformen ab. Dazu gehört ein Mut ohnegleichen, um den ich Sie bewundern könnte, wenn es nicht ein trauriger und billiger Mut wäre. Er beruht nicht auf Überlegenheit, sondern auf Unkenntnis der Wirklichkeit, auf Parteigeist. [...]

Nein, die andern Götter (die, die anders aussehen als Ihrer) sind nicht tot, dessen kann ich Sie versichern. Gott sei Dank leben sie, und wenn eine dieser vielen Erscheinungsformen des Einen verbraucht und altersmüde wird, dann hat der Lebendige längst schon neue Gestalten bereit, in denen er erscheinen kann. Er überlebt die Völker, er überlebt Religionen und Kirchen, auch die Ihre.«[36]

Diese, vielleicht ausführlichste briefliche Erklärung Hesses bezüglich der Exklusivität des Christentums, zeigt, daß er sie auch im hohen Alter ablehnt. Sein lebendiger Gott offenbart sich auf verschiedene Weise und kann von allen Gläubigen der an einen Gott glaubenden Weltreligionen gefunden werden. Diese Auffassung steht natürlich im Widerspruch zur Bibel, die jegliche Abweichung von der Heilslehre eindeutig als ein großes Vergehen gegen Gott ablehnt.

Interessant ist in diesem Zusammenhang ein Brief an eine alte Leserin, die ihm mitgeteilt hatte, daß sie die Antwort auf ihre Le-

---

[36] A.B., S. 335–337.

bensfragen bei Hesse gesucht, aber dann doch nur bei Christus gefunden hätte:

»[...] ich möchte doch Ihren Gruß erwidern und Ihnen sagen, daß ich Ihr Bekenntnis mit einer Freude und Zustimmung gelesen habe. Im Irrtum sind Sie nur mit der Vermutung, ich sei zwar unter Christen aufgewachsen, habe dann aber, andern Göttern folgend, mein Leben ohne Christus geführt. Das ist nicht so: ich bin viele Male im Leben zu Christus zurückgekehrt, tue es heute noch bei jeder Bachschen Passion oder beim Lesen in einem Kirchenvater oder im Gedenken an Eltern und Kindheit. Es steht damit genau und wörtlich so, wie Sie es im Brief an Schwester Luise lasen.

Es freut mich, daß Ihr Glaube Sie nicht in Widerspruch und Ablehnung mir gegenüber führte. Aber ich würde Ihren Brief auch dann angenommen und willkommen geheißen haben, wenn er einen Abschied an mich und einen Bruch mit mir bedeutet hätte. Ich bin ein Dichter, ein Sucher und Bekenner, ich habe der Wahrheit und Aufrichtigkeit zu dienen (und zur Wahrheit gehört auch das Schöne, es ist eine ihrer Erscheinungsformen), ich habe einen Auftrag, aber einen kleinen und beschränkten: ich muß anderen Suchenden die Welt verstehen und bestehen helfen, und sei es nur, indem ich ihnen den Trost gebe, daß sie nicht allein seien. Christus aber ist nicht ein Dichter gewesen, sein Licht war nicht an eine vereinzelte Sprache gebunden und an eine kurze Epoche, er war und ist ein Stern, ein Ewiger. Wären seine Kirchen und Priester so wie er selbst, dann bedürfte es der Dichter nicht.«[37]

Hesses »ich bin viele Male zu Christus zurückgekehrt« bestätigt, daß Christus eine wichtige, aber nicht die einzige Rolle in seinem Leben gespielt hat. Die Rückkehr zu Christus wird durch Bachs Passionen, Werke von Kirchenvätern und Erinnerungen an die Kindheit ausgelöst. Was meint er aber mit dieser »Rückkehr zu Christus»? Für den Gläubigen, der sich bekehrt hat, gibt es normalerweise nur eine entscheidende Umkehr zu Christus und nicht mehrere. Für Hesse ist Christus ein »Stern«, ein »Ewiger«, im Kontrast zu seiner Aufgabe als Dichter, Sucher, und Bekenner. Während Hesse mit seiner Mission an Raum und Zeit gebunden ist, sieht er in Christus das Göttliche und Hohe des Ewigen. Somit würdigt er Christus, kritisiert aber das Versagen der Priester und der Kirchen. Für ihn war aber auch Christus nicht die ausschließliche Wahrheit, sondern eine

---

[37] Brief vom Dezember 1950. A.B., S. 362–363.

von vielen Manifestationen Gottes, »in Christus sehe ich eine Erscheinung Gottes, eine Theophanie, deren es ja viele gab und gibt.«[38]

Deshalb war er auch meistens sehr kritisch, wenn er von Vertretern einer offiziellen Kirche wegen seines Glaubens zur Rechenschaft gezogen wurde. Am 1. Oktober 1952 schrieb er dem Konvertiten Placidius Jordan, der ihn schon 1931 und dann nochmals 1952 in der *Benediktinischen Monatsschrift* wegen seiner unorthodoxen Auffassungen über den christlichen Glauben in seinem Werk angegriffen hatte:

»Es tut mir leid, daß Sie so sehr unzufrieden mit mir sind. Ich gehöre zu jenen Autoren, deren Schriften weitgehend Bekenntnisse sind, und ich habe manche Male und eindeutig mich zu meiner Unwissenheit und Fragwürdigkeit bekannt. Wenn es ein jüngstes Gericht gibt, so hoffe ich, daß die Aufrichtigkeit meiner Beichte anerkannt werde. Mehr darf ich nicht erwarten. Und mehr erwarte ich auch von Ihnen nicht, der Sie weder unwissend noch fragwürdig noch unglücklich, sondern im Besitz der mir nicht erreichbaren Wahrheiten und Gnaden sind. Sie stellen bei mir eine Menge von Irrtümern über Ihre Kirche fest, vor deren Ehrwürdigkeit ich stets Respekt gehabt und bewiesen habe. Mag ich oft geirrt und über Ihre Kirche Unzutreffendes gesagt haben, so geht mein Mißverstehen dieser Kirche doch nicht so weit wie Ihr völliges Mißverstehen meiner Situation und meiner Aufgabe. Denn nicht nur Sie, auch mich hat Gott an einen Ort und vor eine Aufgabe gestellt. Und wenn Sie trotz Ihrer Vollkommenheit noch etwas wie ein Menschenherz haben, dann bitte lassen Sie mich alten und todmüden Mann sterben, ohne mich noch ein drittes Mal mit all meinen beschämenden Schwächen vor die Öffentlichkeit zu ziehen.«[39]

Was Hesse mit den Bekenntnissen in seinen Schriften meint, hat er schon 1932 in seiner ersten Antwort »Sendung des Dichters/Erwiderung auf den offenen Brief von Dr. Jordan, mit einem Nachwort des Schriftleiters« in der *Benediktinischen Monatsschrift* erklärt: »Ich fürchte sehr, an Ihnen vorbei zu reden, und möchte doch sehr gerne Sie überzeugen können – nicht vom Rang und Wert meiner Gedanken und meiner Haltung, sondern von der Notwendigkeit, der Unentrinnbarkeit meiner Lage. Die sich an mich wenden, die bei mir ›Weisheit‹ suchen, sind beinahe ohne Ausnahme Menschen, denen

---

[38] Unveröffentlichter Brief an Herrn P. [Ende März 1952] im Deutschen Literaturarchiv/Schiller-Nationalmuseum Marbach a.N., Standort D: Hesse-Archiv.
[39] G.B. IV, S. 165–166.

kein überlieferter Glaube helfen konnte. Viele von ihnen habe ich auf die alten Weisen und Lehren verwiesen, habe namentlich auch die Schriften einiger heutiger Katholiken von Rang mit Nachdruck empfohlen. Die Mehrzahl meiner Leser aber ist eben darin mir ähnlich, daß sie einen verhüllten Gott verehren muß. Vielleicht sind es nur die Kranken, die Neurotiker, die Unsozialen, die sich zu mir und meinen Schriften hingezogen fühlen, vielleicht ist der einzige Trost, den manche von ihnen bei mir finden, der, daß sie bei mir, dem Mann von Namen, ihre eigene Schwäche und Not wiederfinden. Mir liegt nicht ob, mich zu irgend einer Sendung zu ›entschließen‹, wie Sie es fordern, sondern an dem Ort, an den mich das Geschick gestellt hat, das mir Mögliche zu tun.«[40] Auf diese Weise verteidigte Hesse seine Aufgabe als Dichter und verglich sie als eine ebenbürtige mit dem Priesterstand.

Das Problem war aber die Suche nach dem »verhüllten Gott«, in der Jordan sowohl für Hesse als auch für seine Leser eine Gefahr sah: »Wir wissen es wohl, daß es viele Wege zu Gott gibt. Wir wissen aber auch von den vielen verhängnisvollen Umwegen und Irrwegen. Vor ihnen möchten wir, die wir durch Gottes Erbarmen der Gnade des Glaubens teilhaftig geworden sind, die Brüder und Schwestern, die abseits stehen, die sich von uns wenden, ja uns gar mit Mißtrauen und Feindseligkeit gegenüberstehen, bewahren. Wir beten für sie alle, lieber Herr Hesse, daß sie zu Gott kommen mögen, zu dem einen wahren Gott, der Mensch geworden ist in Jesus Christus, aus Maria der Jungfrau, der die Passion durchlitten hat und auferstanden ist von den Toten. Wir beten für sie aus vollem Herzen, daß sie wiedergeboren werden möchten zu dem neuen Leben, von dem der Heilige Paulus spricht, wenn er sagt, daß das Vergängliche berufen ist, die Unvergänglichkeit, das Sterbliche, die Unsterblichkeit anzuziehen (1. Kor. 15,53).«[41] Dieser Wunsch Jordans, daß Hesse ein bekehrter Christ werden möchte, sollte sich wegen der festen Überzeugung Hesses von seiner Sendung als Dichter nicht erfüllen.

Es scheint, als ob Hesse das Christentum aus einer globalen Sicht von außen her betrachtet, während der gläubige Christ von seiner christlichen Perspektive nach draußen sieht. Diesen Standpunkt vertritt Hesse in einem Brief an H. Sadecki vom Herbst 1953: »Sie sind Christ in dem Sinne, daß Sie an die Einzigkeit und das Alleinseligmachende des Christentums glauben. Für Sie sind die Gläubigen

---

[40] In *Benediktinische Monatsschrift*, Jahrg. XIV (1932), Heft 1/2, S. 31–32.
[41] In *Benediktinische Monatsschrift*, Jahrg. XXVIII (1952), Heft 9/10, S. 431.

andrer Religionen zu bedauern, weil sie keinen Heiland und Erlöser haben. Dies ist aber, wenigstens nach meiner Meinung und Erfahrung, durchaus ein Irrtum. Der japanische Buddhistenmönch oder der krishnagläubige Hindu lebt und stirbt in seinem Glauben ebenso fromm und vertrauend und geborgen wie der Christ. Und dann haben jene östlichen Religionen noch etwas für sich: sie haben weder Kreuzzüge noch Ketzerverbrennungen noch Judenpogrome hervorgebracht, das war den Christen und dem Islam vorbehalten. Luther hat über die Juden Worte geschrieben, die an Brutalität und mordlustiger Rechthaberei von keinem Hitler und keinem Stalin übertroffen werden. Gewiß, daran ist Jesus nicht schuld. Aber man kann Jesus lieben und doch die anderen Wege zur Seligkeit, die Gott den Menschen gewiesen hat, in ihrem vollen Wert gelten lassen.«[42] Während Hesse einem persönlichen Verhältnis zu Jesus, das sich in der Liebe zu ihm zeigt, zustimmt, verneint er den Befehl Jesu: »Darum gehet hin und machet zu Jüngern alle Völker: Taufet sie auf den Namen des Vaters und des Sohnes und des heiligen Geistes und lehret sie halten alles, was ich euch befohlen habe. Und siehe, ich bin bei euch alle Tage bis an der Welt Ende.« (Matthäus 28, 19 u. 20)

Zu Hause gab es während dieser Zeit eine neue Sorge für Hesse, als sich Ninon während einer längeren Griechenlandreise eine schmerzhafte Hautkrankheit zugezogen hatte, die auch unter ärztlicher Behandlung nicht besser wurde: »Zum Jahreswechsel 1952/53 hatte sich ihr Zustand so verschlimmert, daß sie am 20. Juli in die Dermatologische Klinik des Kantonsspitals Genf eingeliefert wurde. Juckreiz, Schlaflosigkeit und unerträgliches Brennen an den entzündeten Hautstellen lösten eine tiefe Hoffnungslosigkeit in ihr aus.«[43] Während dieser Krankheit beschäftigte sie sich mit Hiob, den Gott in einer Loyalitätsprobe von Satan testen läßt, und schrieb die Abhandlung *Versuche zu Hiob*. Gisela Kleine berichtet darüber: »Ninon bekannte sich in ihrer Niederschrift zur doppelgesichtigen Macht des alttestamentarischen Gottes. Der Mensch konnte alles Erlittene – wie Hiob – nur ummünzen in die Einsicht, einer uneinschätzbaren Dämonie ausgeliefert zu sein: Nicht Ausweichen, sondern sich der Gewalt hingeben, das ist Gottesfurcht! In der Qual ihres Hautleidens nahm sie das archaische Erbe an sich wahr, das auch sie so herb, so zäh, so beharrlich machte, daß sie alle diese Jahre neben Hesses werkbezogenem Egoismus standhalten konnte. ›Hinnehmen-kön-

[42] G.B. IV, S. 187.
[43] G.K., S. 396.

nen ist das Erlösungsgeheimnis.‹ Gott ließ nicht mit sich handeln! Die Christen hofften optimistisch, daß ihr Gott ansprechbar sei, zuverlässig, vertragstreu, edler und besser als der Mensch, und daß er in verbindlicher Ethik, ›sittlich‹ zwischen Verdienst und Vergehen abwägen würde. Jahwe hingegen war voll innerer Gegensätze, von göttlicher Schrankenlosigkeit, jenseits aller moralischen Kategorien und von machtvoller Inkonsequenz. Er entsprach, dessen wurde sich Ninon nun bewußt, *ihrem* Weltbild, *ihren* Erfahrungen, einem Geschick, das sie schon früher häufig mit Ironie ›*hart aber ungerecht*‹ genannt hatte.«[44] Diese Verbindung zwischen dem Unglück Hiobs und Ninons »Hinnehmen können« im Gegensatz zu Hesses »werkbezogenem Egoismus« deutet auf den geistlichen Zwiespalt zwischen den beiden. Ninon leidet als Jüdin um Hesse, der von einem christlichen Erbe geprägt wurde. Obwohl er um sie besorgt ist, fragt man sich doch, warum er nicht in demselben Maße in christlicher Nächstenliebe auf sie Rücksicht genommen hat. Im Oktober 1953 schrieb er Frau Lichtenhahn über seine Familienverhältnisse: »Meinen drei Söhnen geht es im Ganzen gut, sie sind alle verheiratet, einer schon zum zweitenmal, meine älteste Enkelin ist Schauspielerin am Düsseldorfer Theater und die jüngste ist noch ein kleines Schulmädel in Bern. In den Jahrzehnten meines Tessiner Lebens habe ich es vorwiegend schön gehabt, trotz sehr vielem Kranksein. Dies Jahr allerdings geht es schwieriger, meine Frau ist seit einem Jahr leidend, sollte sich sehr schonen und ist statt dessen dauernd überbürdet, weil es gar nicht mehr glücken will, in ein abgelegenes Landhaus Dienstboten zu bekommen.«[45] 1954 fühlte sie sich aber schon viel besser, trat eine Studienreise nach Kleinasien an, »um das Troja des Homer kennenzulernen«, und vertrat Hesse, dem längere Reisen beschwerlich geworden waren, bei der Ehrung des Friedenspreises des Deutschen Buchhandels im Oktober 1955 in Frankfurt. Dies war eine neue Aufgabe für sie, die sie mit der Zustimmung ihres Ehegefährten gern erfüllte.[46]

Hesse erhielt in dieser Zeit mehrere Leserbriefe, die sich auf seine Religion und seine Weltanschauung bezogen. Dabei äußerte er sich auch zu seinem Verhältnis zum Christentum. Im Januar 1954 schrieb er an Salome Wilhelm: »Was den Pessimismus oder Opti-

---

[44] G.K., S. 398.
[45] Unveröffentlichter Brief im Deutschen Literaturarchiv/Schiller Nationalmuseum Marbach a.N., Standort A: Hesse.
[46] G.K., S. 398–401.

mismus oder überhaupt die Weltanschauungen betrifft, so kann ein lebendiger Mensch, und gar ein Künstler, sich kaum auf Eines festlegen. Ich wenigstens kann es nicht, und ich habe auch nie das Bedürfnis, Recht zu haben, ich freue mich der Mannigfaltigkeit, auch der der Meinungen und Glaubensformen. Das hindert mich auch, ein richtiger Christ zu sein, denn ich glaube weder, daß Gott nur einen Sohn gehabt hat, noch daß der Glaube an ihn der einzige Weg zu Gott oder zur Seligkeit sei. Mir ist Frömmigkeit stets sympathisch, während ich die autoritären Theologien mit ihrem Anspruch auf Alleingültigkeit nicht mag.«[47] Im Zweifel an der Einzigartigkeit der Gottessohnschaft Christi und der Exklusivität des christlichen Glaubens erklärt Hesse genauer als früher, was ihn vom ganzen Christsein abhält. Während er in der früheren Korrespondenz schon öfters die Exklusivität angezweifelt hat, lehnt er hier zum ersten Mal Jesus als den einzigen Sohn Gottes ab.

Diese Ansicht vertritt er auch in einem Brief an Karl Fr. Borée vom Dezember 1954: »Ich sehe die Dinge anders als Sie, gewiß, aber nicht in dem Sinn Ihres Briefes: daß Sie sich dem aktiven, ich mich dem kontemplativen Leben zugewandt und verpflichtet hätte. Für mich, der ich zwar christlich-protestantisch erzogen, dann aber an Indien und China geschult bin, sind alle diese Zweiteilungen der Welt und der Menschen in Gegensatzpaare nicht vorhanden. Für mich ist erster Glaubenssatz die Einheit hinter und über den Gegensätzen.«[48] Was Hesse »mit der Einheit hinter und über den Gegensätzen« meinte, erklärte er schon im *Kurgast*, den er 1923 veröffentlichte: »Ich glaube nämlich an nichts in der Welt so tief, keine andre Vorstellung ist mir so heilig wie die der Einheit, die Vorstellung, daß das Ganze der Welt eine göttliche Einheit ist und daß alles Leiden, alles Böse nur darin besteht, daß wir einzelne uns nicht mehr als unlösbare Teile des Ganzen empfinden, daß das Ich sich zu wichtig nimmt. Viel Leid hatte ich in meinem Leben erlitten, viel Unrecht getan, viel Dummes und Bitteres mir eingebrockt, aber immer wieder war es mir gelungen, mich zu erlösen, mein Ich zu vergessen und hinzugeben, die Einheit zu fühlen, den Zwiespalt zwischen Innen und Außen, zwischen Ich und Welt als Illusion zu erkennen und mit geschlossenen Augen willig in die Einheit einzugehen. Leicht war es mir nie geworden, niemand konnte weniger Begabung zum Heiligen haben als ich; aber dennoch war mir immer wieder jenes Wun-

---

[47] G.B. IV, S. 197.
[48] A.B., S. 433.

der begegnet, dem die christlichen Theologen den schönen Namen der ›Gnade‹ gegeben haben, jenes göttliche Erlebnis der Versöhnung, des Nichtmehrwiderstrebens, des willigen Einverstandenseins, das ja nichts anderes ist als die christliche Hingabe des Ich oder die indische Erkenntnis der Einheit.«[49] Während für Hesse die Einheit »hinter und über den Gegensätzen« das Ziel ist, ist für den erlösten Christen die Einheit in Christus das Ziel. Durch die gläubige Annahme des Sühneopfers Christi, des Sohnes Gottes am Kreuz, ist er für immer erlöst und braucht sich nicht mehr in eigener Anstrengung immer wieder aufs Neue um seine Erlösung zu kümmern.

Hesse glaubt, daß es für ihn leichter wäre, seine Gedanken über die Einheit durch das Medium der Musik anstatt der Dichtung auszudrücken. »Wäre ich Musiker, so könnte ich ohne Schwierigkeit eine zweistimmige Melodie schreiben, eine Melodie, welche aus zwei Linien besteht, aus zwei Ton- und Notenreihen, die einander entsprechen, einander ergänzen, einander bekämpfen, einander bedingen, jedenfalls aber in jedem Augenblick, auf jedem Punkt der Reihe in der innigsten, lebendigsten Wechselwirkung und gegenseitigen Beziehung stehen. Und jeder, der Noten zu lesen versteht, könnte meine Doppelmelodie ablesen, sähe und hörte zu jedem Ton stets den Gegenton, den Bruder, den Feind, den Antipoden. Nun, und eben dies, diese Zweistimmigkeit und ewig schreitende Antithese, diese Doppellinie möchte ich mit meinem Material, mit Worten, zum Ausdruck bringen und arbeite mich wund daran, und es geht nicht. Ich versuche es stets von neuem, und wenn irgend etwas meinem Arbeiten Spannung und Druck verleiht, so ist es einzig dies intensive Bemühen um etwas Unmögliches, dieses wilde Kämpfen um etwas nicht Erreichbares. Ich möchte einen Ausdruck finden für die Zweiheit, ich möchte Kapitel und Sätze schreiben, wo beständig Melodie und Gegenmelodie gleichzeitig sichtbar wären, wo jeder Buntheit die Einheit, jedem Scherz der Ernst beständig zur Seite steht. Denn einzig darin besteht für mich das Leben, im Fluktuieren zwischen zwei Polen, im Hin und Her zwischen den beiden Grundpfeilern der Welt. Beständig möchte ich mit Entzücken auf die selige Buntheit der Welt hinweisen und ebenso beständig erinnern, daß dieser Buntheit eine Einheit zugrunde liegt; beständig möchte ich zeigen, daß Schön und Häßlich, Hell und Dunkel, Sünde und Heiligkeit immer nur für einen Moment Gegensätze sind, daß sie immerzu ineinander übergehen. Für mich sind die höchsten Worte der

---

[49] G.W. 7, S. 61–62.

Menschheit jene paar, in denen diese Doppelheit in magischen Zeichen ausgesprochen ward, jene wenigen und geheimnisvollen Sprüche und Gleichnisse, in welchen die großen Weltgegensätze zugleich als Notwendigkeit und als Illusion erkannt werden. Der Chinese Lao Tse hat mehrere solche Sprüche geformt, in denen beide Pole des Lebens für den Blitz eines Augenblicks einander zu berühren scheinen. Noch edler und einfacher, noch herzlicher ist dasselbe Wunder getan in vielen Worten Jesu. Ich weiß nichts so Erschütterndes in der Welt wie dies, daß eine Religion, eine Lehre, eine Seelenschule durch Jahrtausende die Lehre von Gut und Böse, von Recht und Unrecht immer feiner und straffer ausbildet, immer höhere Ansprüche an Gerechtigkeit und Gehorsam stellt, um schließlich auf ihrem Gipfel mit der magischen Erkenntnis zu enden, daß neunundneunzig Gerechte vor Gott weniger sind als ein Sünder im Augenblick der Umkehr!

Aber vielleicht ist es ein großer Irrtum, ja, eine Sünde von mir, wenn ich der Verkündigung dieser höchsten Ahnungen glaube dienen zu müssen. Vielleicht besteht das Unglück unsrer jetzigen Welt gerade darin, daß diese höchste Weisheit auf allen Gassen feilgeboten wird, daß in jeder Staatskirche, neben dem Glauben an die Obrigkeit, Geldsack und Nationaleitelkeit, der Glaube an das Wunder Jesu gepredigt wird, daß das Neue Testament, ein Behälter der kostbarsten und der gefährlichsten Weisheiten, in jedem Laden käuflich ist und von Missionaren gar umsonst verteilt wird. Vielleicht sollten solche unerhörte, kühne, ja erschreckende Einsichten und Ahnungen, wie sie in manchen Reden Jesu stehen, sorgfältig verborgen gehalten und mit Schutzwällen umbaut werden. Vielleicht wäre es gut und zu wünschen, daß ein Mensch, um eines jener mächtigen Worte zu erfahren, Jahre opfern und sein Leben wagen müßte, so wie er es für andere hohe Werte im Leben auch tun muß. Wenn dem so ist (und ich glaube an manchen Tagen, daß es so ist), dann tut der letzte Unterhaltungsschriftsteller Besseres und Richtigeres als der, der sich um den Ausdruck für das Ewige bemüht.

Dies ist mein Dilemma und Problem. Es läßt sich viel darüber sagen, lösen aber läßt es sich nicht. Die beiden Pole des Lebens zueinander zu biegen, die Zweistimmigkeit der Lebensmelodie niederzuschreiben, wird mir nie gelingen. Dennoch werde ich dem dunklen Befehl in meinem Innern folgen und werde wieder und wieder den Versuch unternehmen müssen. Dies ist die Feder, die mein Ührlein treibt.«[50] Daß Hesse seinen Glauben ernst nimmt, ist offensichtlich.

---

[50] G.W. 7, S. 111–113.

Er erhebt sich aber in dem Versuch, die Polarität durch Eigenanstrengung zu überwinden. Diese Theorie ist attraktiv, widerspricht aber der Bibel, die die Polarität zwischen Gut und Böse als zentrales Thema der menschlichen Verfassung und ihre Überwindung durch Christus allein darstellt: »Denn es ist ein Gott und ein Mittler zwischen Gott und den Menschen, nämlich der Mensch Christus Jesus, der sich selbst gegeben hat für alle zur Erlösung, daß dies zu seiner Zeit gepredigt werde.« (1. Timotheus 2, 5 u. 6)

Im Brief an einen Herrn A. vom 8. Dezember 1955 erklärt Hesse, daß seine Aussagen über das Christentum nicht als dogmatisch richtig aufgefaßt werden sollen: ».. . Was ich da und dort über das Christentum gesagt habe, macht nicht den Anspruch auf absolute objektive Richtigkeit, diese existiert nur innerhalb der Orthodoxie, und dort bin ich nie gestanden. Was darüber im ›Demian‹ steht, ist mir nicht genau erinnerlich, es sind mehr als 35 Jahre seit ich ihn geschrieben habe. Ich habe vor jeder Religion Ehrfurcht, nicht aber vor dem Anspruch der Orthodoxen auf Alleingültigkeit.«[51]

Einem Theologen, der ihm »einen langen interessanten Brief mit ›theologischen Fragen‹ geschickt hatte«, erklärte er sein Gottesverständnis in bildhafter Sprache: »Zu Ihrer Frage sage ich: Ja, das indische, römische, jüdische Auge sind, Gott sei Dank, überaus verschieden. Die Nationen, Kulturen, Sprachen mögen alle Bäume sein, aber eine ist eine Linde, eine ein Ahorn, eine eine Fichte etc. Der Geist, sei er nun theologisch gekleidet oder anders, neigt immer ein wenig zu sehr zum Begriff, zur Verflachung, zur Typisierung, er ist mit ›Baum‹ zufrieden, während Leib und Seele mit ›Baum‹ nichts anfangen können, sondern Linde, Eiche, Ahorn brauchen und lieben. Eben darum sind die Künstler vermutlich Gottes Herzen näher als die Denker. Wenn nun Gott sich im Inder und Chinesen anders ausdrückt als im Griechen, so ist das nicht ein Mangel, sondern ein Reichtum, und wenn man alle diese Erscheinungsformen des Göttlichen mit einem Begriff zusammenfassen will, entsteht keine Eiche und keine Kastanie, sondern bestenfalls ein ›Baum‹.«[52]

Für Hesse ist es nicht so wichtig, wie man zu Gott findet, sondern daß man zu Gott findet. Wie zu einem Berggipfel oft mehrere Wege führen, so kann Gott durch die verschiedenen theozentrischen Weltreligionen erreicht werden. Dieses multireligiöse und weltökumenische Denken schließt die Exklusivität irgendeiner Religion aus,

---

[51] A.B., S. 455.
[52] A.B., S. 456–457.

läßt aber ihren individuellen Wert im Glaubensweg zu Gott gelten. In dieser Hinsicht wollte Hesse aber keine Weltreligion, weil er sich vom Einzelnen viel mehr versprach als von der Masse: ». . . Ihre Frage ›ob man nicht eine Weltreligion schaffen könnte‹, muß ich mit Nein beantworten. Schon die echten, organisch entstandenen Religionen vermögen ihre Angehörigen nicht vor Dummheit und Roheit zu retten, mit Ausnahme einer kleinen Zahl, einer Elite von wahrhaft Gläubigen. Und von den synthetischen, künstlichen Religionen, wie Sie eine zu erhoffen scheinen, ist noch viel weniger zu erwarten. [. . .] Darum habe ich meinen Glauben stets auf den Einzelnen gebaut, denn der Einzelne ist erziehbar und verbesserungsfähig, und nach meinem Glauben war und ist es stets die kleine Elite von gutgewillten, opferfähigen und tapferen Menschen gewesen, die das Gute und Schöne in der Welt bewahrt hat.«[53]

Als Kirchenorganisation war Hesse die katholische Kirche viel lieber als die protestantische, weil sie nicht so zersplittert und auch aus historischer und kultureller Sicht attraktiver sei. Von Luther war Hesse deshalb enttäuscht, weil er eine neue, aber nicht eine bessere Kirche begründet habe: »Ich bewundere ihn, liebe ihn sogar als Vollmensch und Sprachgewaltigen, und halte dennoch seine Rolle in der Weltgeschichte für eine unglückliche. Wäre er einfach ein Protestant, ein Rebell gegen Pfaffentum etc., ein Anwalt des Individuums gegen Kirche und Staat, so hätte ich kein Wort gegen ihn zu sagen. Er hat aber selber wieder eine Kirche begründet, um nichts besser als die alte, hat nach Kräften dem Staat, den Fürsten assistiert, die Bauern im Stich gelassen. Deutschland verdankt ihm das Schisma, den 30jährigen Krieg, den späteren Orthodoxismus seiner Kirche und noch manches. Er war ein Prachtskerl, aber ein Unglück.«[54] Aber warum braucht man dann Kirchenführer wie Luther und den Papst? Für ihn besteht ihre Funktion mehr für die Masse als für die Elite: »Was Luther und Rom betrifft, so finde ich, daß es beide nicht gäbe, wenn sie nicht einer Notwendigkeit entsprächen. Nämlich so: mag Luther der Führer und oberste Repräsentant der Christen sein, denen der Durst nach Freiheit etwas Natürliches und Selbstverständliches ist, also der Individualisten, der über Durchschnitt Differenzierten an Geist, Charakter und Gewissen – es bleibt dann doch eben jener übergroße Teil der Menschheit übrig, der lieber gehorcht als selber entscheidet, der schwachen Geistes, aber doch guten Wil-

---

[53] Brief an Herrn P.H. in Göppingen vom 8. Juni 1956. A.B., S. 467.
[54] Brief an Hans Völter, Dekan i.R., Brackenheim vom 10. Januar 1960. A.B., S. 501.

lens ist, und die Denk- und Gewissenskämpfe jener andern gar nicht kennt. Diesen Teil der Menschheit in Ordnung zu halten, am Versumpfen oder Entarten zu hindern, ihm für Leben und Sterben einen Trost zu spenden, und überdies manches schöne Fest, dazu sind Kirchen wie die von Rom gut. Sie haben Millionen geholfen, das Leben zu bestehen und schöner zu machen, und haben uns überdies mit den herrlichsten Architekturen, Mosaiken, Fresken und Skulpturen beschenkt, lauter Dinge, die von Protestanten zwar entweder kaputtgeschlagen oder hochgeschätzt, niemals aber geschaffen werden können.«[55] Dies erklärt auch, warum Hesse, der sich praktisch zeitlebens als Teil der geistigen Elite betrachtete, so kritisch über die organisierte Kirche, ganz besonders die protestantische, dachte.

Da Hesse das Autoritäre in allen Bereichen des menschlichen Lebens haßt, ist ihm die Frage der Toleranz auch im religiösen sehr wichtig: »Mir sind alle Religionen der Welt teuer und ehrwürdig, weil sie alle die vielleicht edelste Fähigkeit des Menschen zur Quelle haben: die Ehrfurcht. Doch unterscheide ich trotzdem die Religionen nicht nur nach ihrem geistigen und kulturellen Niveau, sondern auch nach ihrer Toleranz. Und da gehört ja leider die christliche nie zu den freundlichen, milden und toleranten, sondern zu den missionierenden, hochmütigen, alleinseligmachenden und gewalttätigen. Briefe von hysterischen Damen, die mich bekehren wollen oder mich wegen meiner Unchristlichkeit abkanzeln, bekomme ich nicht selten, meist sind sie nicht aufregend.«[56]

Diesen Glauben, der alle ernstlich an einen Gott glaubenden Weltreligionen anerkennt und dem Christentum die Alleingültigkeit abspricht, behielt Hesse bis an sein Lebensende. Sein Verhältnis zu Jesus ist aber nicht immer dasselbe gewesen. Anfang April 1961 schrieb er Kl.J. Schneider in Berlin-Neukölln: »Über Jesus habe ich in den 84 Jahren meines Lebens meine Gedanken oft geändert, ebenso über Kirche und Konfessionen, und bin auch heute noch anderen Auffassungsarten zugänglich. Ich widersetze mich zwar Bekehrungsversuchen, habe aber selbst auch niemals den Versuch gemacht, andre zu bekehren. Den historischen Jesus würde ich freilich nie so weit preisgeben, wie Sie es zu tun scheinen.«[57] Daß er Jesus im Alter nähergetreten ist, geht aus seinen Äußerungen hervor. Den

---

[55] Zweiter Brief an Hans Völter in Brackenheim vom 16. September 1960. A.B., S. 522.
[56] Brief an Frau H. Herzberg in Berlin Ende Mai 1960. A.B., S. 515–516.
[57] A.B., S. 534.

entscheidenden Schritt zur Bekehrung hat er aber wegen seiner Vorbehalte nicht gewagt. Er war sich dieses Mangels bewußt, wenn er in Leserbriefen daraufhin angesprochen wurde. Am 19. Mai 1961 bekannte er Manfred Fundel aus Stuttgart: »Ich bin nicht Katholik und auch kein sehr guter Christ, wenn ich auch trotzdem fromm bin. [...] Da Sie gläubiger Katholik sind, bin ich aber der Meinung, Sie sollten sich nichts rauben lassen, was Ihren Glauben und Halt im Leben und Denken stärken kann. Bleiben Sie dabei! Jeder der an einen Sinn im Leben und an die hohe Bestimmung des Menschen glaubt, ist im heutigen Chaos wertvoll, einerlei zu welcher Konfession er gehört und an welche Zeichen er glaubt.«[58] Ähnlich drückte er sich in seiner vielleicht letzten Aussage zum Christentum in einem Brief an Gertrud von Le Fort im April 1962 aus: »Was Sie von der stellvertretenden Gnade sagen, ist mir durchaus verständlich und ehrwürdig. Ich bin Weltkind in der Bedeutung ›keiner Kirche angehörig‹, bin aber fromm im Sinne der Morgenlandfahrer, zu deren Bundesregeln es gehört, jedem Heiligtum auf Erden Ehrfurcht zu erweisen.«[59]

Wegen dieser starken Vorbehalte konnte Hesse auch im Alter das Christentum unmöglich als seine Religion voll akzeptieren. Diese Auffassung vertritt auch Hans Küng: »[...] Hermann Hesse war *nicht mehr zu einem neuen Verständnis des Christusglaubens vorgedrungen*. Einerseits empfand er unüberwindliche Schwierigkeiten gegenüber der traditionellen hohen Christologie der Orthodoxie. Andererseits vermochte er so wenig wie Thomas Mann die ›postmodernen‹ Neuentwicklungen der Theologie nach dem Ersten Weltkrieg zur Kenntnis nehmen: nichts von einem Jesus, der alle Schemata, gerade auch die der Orthodoxen sprengte, der in ganz anderer Weise ein ›Alternativer‹, ein ›Befreier‹ war, und der so doch in einzigartiger Weise, mit Leib und Leben, nämlich als der für seine Gottesreich-Botschaft Hingerichtete und doch Lebendige für Gott steht: ein Anruf so unbedingt, wie ihn ein Sokrates, der denn auch ohne ›Gemeinde‹ blieb, nie sein konnte.«[60] Die christliche Gesinnung war da, aber nicht die christliche Bekehrung, wie es Bernhard Zeller in seinem Beitrag »Hermann Hesse und die Welt der Väter« darstellt: »Missionare, Prediger, Lehrer waren Eltern und Ahnen. Missionarischer Geist, Sendungsverpflichtung, pädagogischer Eros,

---

[58] A.B., S. 534–535.
[59] A.B., S. 550.
[60] H.K.A., S. 230.

spricht aus den Proklamationen, Betrachtungen und moralisierenden Traktaten des Sohnes und Enkels, die Hesse tief in seiner Herkunft verwurzelt zeigen, obwohl seinen Appellen, mögen sie sich auch nicht selten der Bilder und Sentenzen der Bibel bedienen und auf einer christlichen Lebensethik fußen, die christliche Heilsgewißheit fehlt und der Mensch – nicht Gott oder Christus – zum Mittelpunkt gesetzt wird.

Die moralischen Inhalte seiner Botschaften entstammen zu einem nicht geringen Teil der säkularisierten, genauer vielleicht der entkirchlichten Erbschaft der Väter und der Glaubenssätze indischer und chinesischer Heilslehren. Das Streben nach Vervollkommnung, die Lehre, daß erst ein neuer, verwandelter, in sich selbst geordneter Mensch in der Lage sei, die Welt verwandeln und ordnen zu können, daß das Sich-selbst-Ändern und -Verbessern die notwendige Voraussetzung für die Veränderung der äußeren Lebensverhältnisse sei, Gedanken dieser Art sind aber zu einem guten Teil pietistisches, wenn auch nicht nur pietistisches Lehrgut.«[61] Vielleicht war Hesses Suchen und Streben nach der Vervollkommnung deshalb so schwer, weil er sie aus eigener Kraft und nicht durch den Erlösungsplan des in Jesu in menschlicher Gestalt offenbarten Gottes erreichen wollte. Nach der Bibel gibt es keinen anderen Versöhnungsweg. Da er aber nicht die kirchliche, sondern die »entkirchlichte Erbschaft der Väter« übernommen hatte, fehlte ihm das Verständnis für eine auf den christlichen Gott ausgerichtete Lebensform.

Nach ihrer Genesung im Jahre 1954 konnte sich Ninon wieder mit erneuter Kraft um ihren alternden Ehegefährten kümmern. Der Arbeitszwang war nach dem Abschluß seines literarischen Werkes bedeutend geringer geworden, und beide hatten jetzt mehr Zeit füreinander: »Daß seine literarische Existenz hinter ihm liege, bemerkte er in vielen Briefen an seine Freunde wie eine Erleichterung; das entband ihn auch vom Aufsuchen des Leids. Die liebevolle Gemächlichkeit, mit der er nun bei den Dingen verweilte, entzückte Ninon ebenso wie die Lebensstimmung, die diese späte Prosa ausstrahlte: die Annahme des Alters als eines Geschenks.«[62] Doch der Verlust von Verwandten und Freunden trübte diese stille Freude: »Oft gal-

---

[61] Friedrich Bran u. Martin Pfeifer (Hrsg.), *Hermann Hesse und die Religion*. Die Einheit hinter den Gegensätzen. 6. Internationales Hermann-Hesse-Kolloquium in Calw 1990, Bad Liebenzell/Calw: Verlag Bernhard Gengenbach, 1990. S. 51.
[62] G.K., S. 403.

ten Hesses Rundbriefe, Gedenkblätter und Betrachtungen den Toten, den Geschwistern, den Eltern, den Schulfreunden. Nach dem endgültigen Abschied von vielen Vertrauten, den ›Morgenlandfahrern‹ Fritz Leuthold, Georg Reinhart, Josef Englert, Hans C. Bodmer, von Thomas Mann und Hans Carossa, fühlte er sich vom Todeshauch gestreift – und angstvoll auch Ninon!«[63]

Aber es gab noch einmal einen Höhepunkt in seinem Leben. Zu seinem 80. Geburtstag am 2. Juli 1957 gab es viele Ehrungen und Gedenkfeiern: »Aber die neue Flut von Ehrungen und Glückwünschen wälzte schon auf sie zu. Angeregt durch die allerorts angekündigten Gedenk-Veranstaltungen, deren Höhepunkte in der Rede Martin Bubers in der Stuttgarter Liederhalle und in einer ersten Hesse-Ausstellung des Schiller-Nationalmuseums in Marbach zu erwarten waren, würden sich auch die privaten Gratulationen ins Unabsehbare vermehren.«[64] Diese Tage waren natürlich sehr anstrengend für Ninon, und sie war froh, als es wieder etwas ruhiger wurde. Sie sah jetzt ihre Aufgabe darin, Hesses Alter so schön wie möglich zu machen und ihn vor unnötigem Streß zu bewahren: »Je älter Hesse wurde, desto notwendiger erschien es ihr, alles ihm Unzuträgliche abzuwehren, und dazu gehörten nach wie vor anstrengende Besucher.«[65]

Hesses Gesundheitszustand hatte sich seit Dezember 1961 verschlechtert: »Er erkrankte an einer hartnäckigen Grippe und fühlte sich matt und pflegebedürftig. Kurz danach kam eine Furunkulose hinzu, er litt an Muskelkrämpfen und Vergiftungserscheinungen. Ninon sah angstvoll, wie oft er müde in sich zurücksank. Er schien lächelnd einverstanden zu sein mit diesem sanften Hinweggleiten in Stille und Verstummen.«[66] Auch Ninon hatte während dieser Zeit wieder Herzbeschwerden, die zum ersten Mal auf einer Griechenlandreise vor 7 Jahren eingesetzt hatten. Die Ärzte diagnostizierten sie als »eine Aorta-Erweiterung und eine unheilbare Angina pectoris.«[67] Ninon, die kaum dachte, daß sie Hesse überleben würde, akzeptierte diese düstere Prognose und fand sich stoisch damit ab: »In dieser eigenen Todesbereitschaft, die sie wellenweise während ihres ganzen Lebens überflutete, nahm Ninon mit Staunen und Furcht et-

---

[63] G.K., S. 403.
[64] G.K., S. 414.
[65] G.K., S. 474.
[66] G.K., S. 478.
[67] G.K., S. 479.

was seltsam Strahlendes, Lichtes an Hesses Wesen wahr. An seiner zarten und zerbrechlichen Gestalt wirkte der Tod als fortschreitende Entstofflichung und damit zugleich als verstärkte geistige Ausstrahlung. Aber nicht nur Ninon bemerkte diese Helle, diesen ›Glanz des Entwerdens‹, wie Hesse es im ›Glasperlenspiel‹ genannt hatte, sondern alle, die in diesen letzten Wochen mit ihm zusammen waren, zeigten sich davon betroffen.«[68] Hesses Zustand verschlimmerte sich in den kommenden Monaten, und er starb kurz nach seinem 85. Geburtstag am 8. August 1962: »Der letzte Tag«, vermerkte Ninon unter dem 8. August 1962 in ihrem Notizbuch nachträglich. Am 9. August: »Der Tod erfolgte zwischen 7.00 und 9.00 Uhr früh. Nachtwache. Zum Teil mit Dr. Molo.«

Hesses letzter Tag war wie viele Tage dieses Sommers vergangen. »Er war heiter, gelassen und lebensfroh. Oder vielmehr lebensdankbar, wie früher eigentlich selten. Da hatte er viel mehr zu klagen. Jetzt nahm er wachen Herzens und mit offenen Sinnen alles Schöne auf [. . .].«[69] Für Ninon war es ein schwerer Schlag, weil sie vorher nur für Hesse gelebt hatte: »Er ist gestorben (wenn auch nur körperlich), und ich muß ohne ihn weiterleben. Muß ich wirklich? Ich glaube nicht. Nur solange ich für ihn zu arbeiten habe. Das wird eines Tages aufhören, und dann werde ich frei sein mich zu entscheiden.«[70] Ihre neue Lebensaufgabe war somit die Verwaltung von Hesses Nachlaß, den sie mit großer Liebe und Sorgfalt bis zu ihrem Lebensende am 26. September 1966 betreut hat.

Es ist kaum anzunehmen, daß Ninon ihren Mann in seiner Beziehung zum Christentum beeinflußt hat. Als Jüdin dachte sie alttestamentlich und nicht neutestamentlich. Außerdem interessierte sie sich als Kunsthistorikerin viel mehr für die griechische Antike, wie ihre vielen Reisen nach Griechenland bezeugen, als für Theologie und religiöse Fragen. Sie gab aber Hesses Leben eine Stabilität, die er vorher nie gehabt hatte. Gerade ihre Opfer- und Dienstbereitschaft für ihn zeugen von einer selbstlosen Liebe, die in ihrer Wirkung biblisch ist.

Hat Hesse im Alter, und ganz besonders in den letzten Monaten und Wochen seines Lebens, seine Meinung über das Christentum geändert? Zu dieser Frage schrieb mir Bruno Hesse am 13. September 1992: »Vater sagte einmal zu mir (wahrscheinlich 1962, als ich

---

[68] G.K., S. 480.
[69] Brief Ninon Hesses an Nino Erne vom 16. 8. 1962. G.K., S. 482–483.
[70] Brief Ninon Hesses an Kurt Karl Rohbra vom 1. 2. 1963, zitiert nach G.K., S. 485.

ihn zum letztenmal sah): Jetzt im Alter sei er dem Christentum eher wieder näher gekommen. [. . .] Sonst sah er alle ›hohen‹ Religionen, die *einen* Gott, nicht verschiedene Götter haben, für gleichwertig an.«[71] Da Bruno Hesse seinen Vater zum letzten Mal Mitte Juli 1962 in Montagnola besuchte[72], ist kaum anzunehmen, daß Hesse in den letzten drei Wochen seines Lebens diese Meinung über das Christentum noch geändert hat.

Zur Frage, warum sich Hesse nie bekehrt hat, muß man bis auf die frühesten Kindheitserlebnisse zurückgreifen. In der Erzählung *Kindheit des Zauberers* beschreibt er »einen kleinen Mann«, der sein Leben beherrschte und dem er in allem folgen mußte:

»Von allen magischen Erscheinungen aber die wichtigste und herrlichste war ›der kleine Mann‹. Ich weiß nicht, wann ich ihn zum ersten Male sah, ich glaube, er war schon immer da, er kam mit mir zur Welt. Der kleine Mann war ein winziges, grau schattenhaftes Wesen, ein Männlein, Geist oder Kobold, Engel oder Dämon, der zuzeiten da war und vor mir herging, im Traum wie auch im Wachen, und dem ich folgen mußte, mehr als dem Vater, mehr als der Mutter, mehr als der Vernunft, ja oft mehr als der Furcht. [. . .] Ich erinnerte mich eines Tages, da ging ich mit meinen Eltern spazieren, und der kleine Mann erschien, er ging auf der linken Straßenseite, und ich ihm nach, und so oft mein Vater mich zu sich auf die andere Seite hinüber befahl, der Kleine kam nicht mit, beharrlich ging er links, und ich mußte jedesmal sofort wieder zu ihm hinüber. Mein Vater ward der Sache müde und ließ mich schließlich gehen, wo ich mochte, er war gekränkt, und erst später, zu Hause, fragte er mich, warum ich denn durchaus habe ungehorsam sein und auf der andern Straßenseite gehen müssen. In solchen Fällen kam ich oft sehr in Verlegenheit, ja richtig in Not, denn nichts war unmöglicher, als irgendeinem Menschen ein Wort vom kleinen Mann zu sagen. Nichts wäre verbotener, schlechter, todsündiger gewesen, als den kleinen Mann zu verraten, ihn zu nennen, von ihm zu sprechen. Nicht einmal an ihn denken, nicht einmal ihn rufen oder herbeiwünschen konnte ich. War er da, so war es gut, und man folgte ihm. War er nicht da, so war es, als sei er nie gewesen. Der kleine Mann hatte keinen Namen. Das Unmöglichste auf der Welt aber wäre es gewesen, dem kleinen Mann, wenn er einmal da war, nicht zu folgen. Wohin er ging, dahin ging ich ihm nach, auch ins

---

[71] Brief von Bruno Hesse an Helmut W. Ziefle am 13. 9. 1992.
[72] Bruno Hesse, *Erinnerungen an meine Eltern*, Spych, Oschwand o.J., S. 23.

Wasser, auch ins Feuer. Es war nicht so, daß er mir dies oder jenes befahl oder riet. Nein, er tat einfach dies oder das, und ich tat es nach. Etwas, was er tat, nicht nachzumachen war ebenso unmöglich, wie es meinem Schlagschatten unmöglich wäre, meine Bewegungen nicht nachzumachen. Vielleicht war ich nur der Schatten oder Spiegel des Kleinen, oder er der meine; vielleicht tat ich, was ich ihm nachzutun meinte, vor ihm, oder zugleich mit ihm. Nur war er nicht immer da, leider, und wenn er fehlte, so fehlte auch meinem Tun die Selbstverständlichkeit und Notwendigkeit, dann konnte alles auch anders sein, dann gab es für jeden Schritt die Möglichkeit des Tuns oder Lassens, des Zögerns, der Überlegung. Die guten, frohen und glücklichen Schritte meines damaligen Lebens sind aber alle ohne Überlegung geschehen. Das Reich der Freiheit ist auch das Reich der Täuschungen, vielleicht.«[73] Wer war dieser »Engel oder Dämon«, der sich in seinem stark ausgeprägten Eigensinn manifestiert hat? Kam er aus der lichten oder der bösen Welt? Vom christlichen Standpunkt aus betrachtet kann es nur eine finstere Macht gewesen sein, weil sie Hesse gegenüber der Wahrheit des christlichen Glaubens und Gottes Heilsplan blind machte und somit seiner Selbstverwirklichung, nämlich der Vervollkommnung in Gott, im Wege stand.

Ein weiterer Grund ist nach Gottfried Meskemper der, daß Goethes humanistisches Menschenbild auch Hesses Vorbild war. »Wie bei den meisten seiner und unserer Zeitgenossen hat er [Goethe] aber das Herzstück des christlichen Glaubens, die *Rechtfertigung aus Gnade*, nie akzeptiert, bzw. er hat ihr widersprochen. Nun zeichnet Goethe den Weg vor, den später auch sein Bewunderer Hesse gehen wird (– wahrscheinlich mit ihm Millionen Deutsche, die ihm ebenfalls geistig folgten): ›Wie es ihm bereits damals zum Bedürfnis wurde, sich durch poetische Gestaltungen von dem, was ihn innerlich bewegte zu befreien, deutet er in *Dichtung und Wahrheit* an: ›Und so begann diejenige Richtung, von der ich mein ganzes Leben über nicht abweichen konnte, nämlich dasjenige, was mich erfreute oder quälte oder sonst beschäftigte, in ein Bild, ein Gedicht zu verwandeln und darüber mit mir selbst abzuschließen, um sowohl meine Begriffe von den äußeren Dingen zu berichtigen, als mich im Innern zu beruhigen. [...] Alles was von mir bekannt geworden, sind nur

---

[73] G.W. 6, S. 380–382. Über die Bedeutung des Eigensinns in Hesses Leben und Werk siehe auch Eugene L. Stelzig. *Hermann Hesse's Fictions of the Self*, Princeton: Princeton University Press, 1988.

Bruchstücke einer großen Konfession, welche vollständig zu machen, dieses Büchlein (eben *Dichtung und Wahrheit*) ein gewagter Versuch ist.‹

Erlösung durch Schreiben, anstatt durch das Blut Jesu, auch hierin folgt Hesse seinem Idol.«[74] Sicherlich war für Hesse das literarische Werk ein Bekenntnis, mit dem er sich befreien und seine persönlichen Konflikte überwinden wollte. In der Nachahmung Goethes hatte er es aber wie dieser ohne die befreiende Macht des Erlösers getan, was vom christlichen Standpunkt aus unwillkürlich zur Selbsttäuschung und nicht zur wahren Selbstverwirklichung – nämlich ein Kind Gottes zu sein – führt. Hätte er all die inneren und äußeren Konflikte seines Lebens unter Gottes Heilsplan gestellt – wie es ihm in christlicher Nächstenliebe von überzeugten Christen zeitlebens nahegelegt worden war –, hätte er sich viele Leiden und viel Kummer ersparen können. So wie seine Eltern Gott in allem vertrauten und ihr Leben nach ihm ausrichteten, hätte auch er ein Leben führen können, das ihm seine ewige und wahre Selbstbestimmung und Selbstverwirklichung in Jesus Christus ermöglicht hätte. Vielleicht war dem anspruchsvollen Dichter Hesse auch die Einfachheit der christlichen Glaubenslehre ein Hindernis, wie es Jesus schon im Matthäusevangelium verkündigt hat: »Zu der Zeit fing Jesus an und sprach: Ich preise dich, Vater, Herr des Himmels und der Erde, weil du dies den Weisen und Klugen verborgen hast und hast es den Unmündigen offenbart. Ja, Vater; denn so hat es dir wohlgefallen. Alles ist mir übergeben von meinem Vater; und niemand kennt den Sohn als nur der Vater; und niemand kennt den Vater als nur der Sohn und wem es der Sohn offenbaren will. Kommt her zu mir, alle, die ihr mühselig und beladen seid; ich will euch erquicken. Nehmt auf euch mein Joch und lernt von mir; denn ich bin sanftmütig und von Herzen demütig; so werdet ihr Ruhe finden für eure Seelen. Denn mein Joch ist sanft, und meine Last ist leicht (Matthäus 11,25–30). Somit ist es von biblischer Sicht aus bedauernswert, daß Hesse diesen letzten und wichtigsten Schritt – nämlich die Übergabe seines Lebens an Jesus Christus – nie vollzogen hat. Sein Ersatzglaube von der Einheit konnte ihm die in Christus vorhandene Gewißheit, Erquickung, Ruhe, Freude und Siegeszuversicht nie geben.

---

[74] G.M., S. 100.

##  LITERATURVERZEICHNIS

*1. Mit Werksigel Hermann Hesse*

A.B. = *Ausgewählte Briefe.* Erweiterte Ausgabe. Zusammengestellt v. Hermann Hesse und Ninon Hesse. Frankfurt a.M.: Suhrkamp, 1974. (suhrkamp taschenbuch 211)
G.B. = *Gesammelte Briefe.* 4 Bde. In Zusammenarbeit mit Heiner Hesse. Hrsg. v. Volker und Ursula Michels. Frankfurt a.M.: Suhrkamp, 1973–1985. Bd. I (1895–1921), Bd. II (1922–1935), Bd. III (1936–1948), Bd. IV (1949–1962).
G.W. = *Gesammelte Werke.* 12 Bde. Frankfurt a.M.: Suhrkamp, 1970. (werkausgabe edition suhrkamp)
G.S. = *Gesammelte Schriften.* 7 Bde. Frankfurt a.M.: Suhrkamp, 1968.
K.J. = *Kindheit und Jugend vor Neunzehnhundert.* Hermann Hesse in Briefen und Selbstzeugnissen. 2 Bde. Hrsg. v. Ninon Hesse, fortgesetzt und erweitert v. Gerhard Kirchhoff. Frankfurt a.M.: Suhrkamp, 1984–1985. Bd. I (1877–1895) (suhrkamp taschenbuch 1002), Bd. II (1895–1900) (suhrkamp taschenbuch 1150)

*2. Ohne Werksigel Hermann Hesse*

*Materialien zu Hermann Hesses »Der Steppenwolf«.* Hrsg. v. Volker Michels. Frankfurt a.M.: Suhrkamp, 1979. (suhrkamp taschenbuch 53)
*Die Sendung des Dichters.* Erwiderung auf den offenen Brief von Dr. Jordan. Mit einem Nachwort des Schriftleiters. In: *Benediktinische Monatsschrift,* Jahrg. XIV (1932), Heft 1/2, S. 31–32.

*3. Sekundärliteratur mit Werksigel*

F.P.H. = *Hermann Hesse 1877/1977. Stationen seines Lebens, des Werkes und seiner Wirkung.* Gedenkausstellung-Katalog zum 100. Geburtstag im Schiller-Nationalmuseum Marbach am Neckar. Hrsg. v. Friedrich Pfäfflin, Albrecht Bergold, Viktoria Fuchs, Birgit Kramer, Ingrid Kußmaul in Verbindung mit Bernhard Zeller. Stuttgart: Klett Verlag, 1977.
G.K. = Kleine, Gisela. *Zwischen Welt und Zaubergarten.* Frankfurt a.M.: Suhrkamp, 1988.
G.M. = Meskemper, Gottfried. *Falsche Propheten unter Dichtern und Denkern.* Berneck: Schwengeler-Verlag, 1990.
H.B. = Baaten, Heta. *Die pietistische Tradition der Familie Gundert und Hesse.* Bochum: 1934. Diss. Münster 1934 (Teildruck).

H.K.A. = Jens, Walter u. Küng, Hans. *Anwälte der Humanität. Thomas Mann. Hermann Hesse. Heinrich Böll.* München: Kindler, 1989.
H.M.G.= Müller, Hermann (Hrsg.). *Gusto Gräser und sein Werk.* Knittlingen: Wilfried Melchior Verlag, 1987.
J.M.H. = Mileck, Joseph. *Hermann Hesse.* Salzburg: Bertelsmann, 1979.
R.F.H. = Freedman, Ralph. *Hermann Hesse: Autor der Krisis.* Eine Biographie aus dem Amerikanischen von Ursula Michels-Wenz. Frankfurt a.M.: Suhrkamp, 1982.
S.G.H. = Greiner, Siegfried. *Hermann Hesse. Jugend in Calw.* Sigmaringen: Thorbecke, 1981.
V.M.H. = Michels, Volker (Hrsg.). *Hermann Hesse. Sein Leben in Bildern und Texten.* Frankfurt a.M.: Suhrkamp, 1979.

*Sekundärliteratur ohne Werksigel*

Bran, Friedrich u. Pfeifer, Martin (Hrsg.). *Hermann Hesse und die Religion. Die Einheit hinter den Gegensätzen.* 6. Internationales Hermann-Hesse-Kolloquium in Calw 1990. Bad Liebenzell/Calw: Verlag Bernhard Gengenbach, 1990.
Gundert, Adele. *Marie Hesse: Ein Lebensbild in Briefen und Tagebüchern.* Stuttgart: D. Gundert Verlag, 1934.
Hesse, Bruno. *Erinnerungen an meine Eltern.* Spych, Oschwand o.J.
Hesse, Hermann u. Hesse, Adele. *Zum Gedächtnis unseres Vaters.* Tübingen: Rainer Wunderlich Verlag, 1930.
Hunnius, Monika. *Mein Onkel Hermann.* Heilbronn: Salzer, 1928.
Koester, Rudolf. *Hermann Hesse.* Stuttgart: Metzler, 1975. (Realien zur Literatur. Sammlung Metzler Bd. 136).
Jordan, Max. *Besinnung und Ausschau.* Offener Brief an Hermann Hesse. In: *Benediktinische Monatsschrift,* Jahrg. XXVIII (1952), Heft 9/10.
Mayer, Gerhart. *Die Begegnung des Christentums mit den asiatischen Religionen im Werk Hermann Hesses.* In: *Untersuchungen zur Allgemeinen Religionsgeschichte.* Bonn: Ludwig Röhrscheid Verlag, Heft 1/1956.
Müller, Hermann. *Der Dichter und sein Guru.* Hermann Hesse – Gusto Gräser Freundschaft. Werdorf: Gisela Lotz Verlag, 1979.
Stelzig, Eugene L. *Hermann Hesse's Fictions of the Self.* Princeton: Princeton University Press, 1988.
Weyer-Menkhoff, Martin. *Friedrich Christoph Oetinger.* Wuppertal: R. Brockhaus Verlag, 1990.
Zeller, Bernhard. *Hermann Hesse in Selbstzeugnissen und Bilddokumenten.* Reinbek: Rowohlt, 1963.

Christian Rendel

# C. S. Lewis

208 Seiten, R. Brockhaus Taschenbuch, Bestell-Nr. 221 109

In den angelsächsischen Ländern gilt er seit langem als einer der einflußreichsten christlichen Schriftsteller dieses Jahrhunderts – Clive Staples Lewis (1898–1963). Durch immer neue Übersetzungen und Ausgaben seiner Kinderbücher (die »Narnia«-Geschichten), seiner brillanten Essays (»Dienstanweisung für einen Unterteufel« und viele andere) und durch seine literaturwissenschaftlichen Arbeiten ist er hierzulande ein fester Begriff geworden. Seine fantastischen Erzählungen des »Perelandra«-Zyklus sind auch außerhalb christlicher Leserkreise erfolgreich – ein wirkungsvolles Zeugnis für die grenzüberschreitenden Möglichkeiten christlicher Literatur.

In der hier vorliegenden Bildbiographie wird der ungewöhnliche Lebensweg C.S. Lewis' nachgezeichnet, unter steter Heranziehung seiner Werke und mit Hilfe zahlreicher Abbildungen.

Der Autor Christian Rendel ist Literaturwissenschaftler, Vorstandsmitglied der »Inklings«-Gesellschaft für Literatur und Ästhetik e.V.

R. BROCKHAUS VERLAG WUPPERTAL UND ZÜRICH

Ulrike Elsäßer-Feist

# Fjodor M. Dostojewski

200 Seiten, R. Brockhaus Taschenbuch, Bestell-Nr. 221 110

Fjodor Michailowitsch Dostojewski (1821–1881), einer der größten russischen Schriftsteller, war ein zerrissener, nach außen häufig schroff wirkender Mann, von großer Güte, aber auch unberechenbar in seiner maßlosen Erregbarkeit.

Mit außerordentlicher Klarsicht für die damals noch wenig erforschten Tiefen der menschlichen Psyche beschreibt er in seinen Werken einen Strudel von Leidenschaften, Fieberphantasien, Minderwertigkeitsgefühlen, Grübeleien, dramatischen Umbrüchen. Gleichzeitig zeigen seine Romane aber auch in bestimmten Gestalten die Verwirklichung von Reinheit, wahrer christlicher Liebe, Großherzigkeit und Demut.

Die Biographie vermittelt einen Eindruck der wichtigsten Werke Dostojewskis und setzt sie in Beziehung zu seinem Leben. Ein besonderes Augenmerk liegt dabei auf dem Thema des Glaubens bei Dostojewski.

Ulrike Elsäßer-Feist hat Romanistik und Kunst studiert. Sie lebt mit ihrem Mann in Karlsruhe.

R. BROCKHAUS VERLAG WUPPERTAL UND ZÜRICH